民国书刊上的西南联大记忆

布东考古布西算

——西南联大师生众生相

龙美光◎编

云南出版集团
云南人民出版社

图书在版编目（CIP）数据

布东考古布西算：西南联大师生众生相 / 龙美光编
. -- 昆明：云南人民出版社，2018.12
（民国书刊上的西南联大记忆）
ISBN 978-7-222-17703-1

Ⅰ. ①布… Ⅱ. ①龙… Ⅲ. ①西南联合大学—校史
Ⅳ. ① G649.287.41

中国版本图书馆 CIP 数据核字 (2018) 第 262441 号

出 版 人　赵石定
责任编辑　张力山
装帧设计　马　滨
责任校对　高　照
责任印制　李寒东

布东考古布西算——西南联大师生众生相
龙美光　编

出　版　云南出版集团　云南人民出版社
发　行　云南人民出版社
社　址　昆明市环城西路609号
邮　编　650034
网　址　www.ynpph.com.cn
E-mail　ynrms@sina.com
开　本　889mm×1194mm　1/32
印　张　10
字　数　260千
版　次　2018年12月第1版第1次印刷
印　刷　昆明理煜印务有限公司
书　号　ISBN 978-7-222-17703-1
定　价　46.00元

云南人民出版社公众微信号

如需购买图书、反馈意见，请与我社联系
总编室：0871-64109126　发行部：0871-64108507
审校部：0871-64164626　印制部：0871-64191534

编者絮语

龙美光

编完“民国书刊上的西南联大记忆”文丛，长长地舒了一口气。这是十五六年来我搜集西南联大文献资料的阶段性成果。

“北清南合，联大花开。”在中华民族八年全民抗战的征途中，联大已成为文化抗战的璀璨星辰。土坯墙的茅草屋内和铁皮顶下，联大人精研学术，读书救国，空前绝后的艰苦环境并未磨灭他们的心志，反而使他们越发奋起，并加速了各项伟大成就的开创。他们说：“只要读书救国好，哪妨菜坏吃不了？”在抗战号角声中，她的诞生与成长，就是如火如荼的全民抗战伟业的生动反映。

美国学者易社强指出，联大的遗产是属于中国的，也是属于全人类的。近年来，美国、日本等国均相继出版了研究专著。在国内，联大也越来越被各界所认同所钦慕，各类文著层出不穷。

不过，需要正视的是，联大的研究更有赖于文献资料的支撑。自联大于长沙肇始以降，已出版的联大时期文献仅有1939年出版的《西南三千五百里》（日记集）、1946年出版的《西南采风录》（歌谣集）、1946年出版的《联大八年》（征文集）、1998年出版的《国立西南联合大学史料》六卷本（档案集），以及2018年出版的《郑天挺西南联大日记》（日记集）等，其他已问世的多为数十年后的回忆与研究。上列诸书，仅有印制恶劣的《联大八年》是联大时期回忆文集，我十几年前得到该书时，就急切地想要为其编一套姊妹书，收录其时在书、报、刊发表过而后未曾在联大专书中露面的一些文字，使人们更深层次地了解联大。随着资料搜集进程的推进，这一梦想如今终于变为现实。

这套文丛中的文字，都是在抗战艰苦异常的环境下联大师生和社会各界人士的真实见闻和真情感知。文丛的近400篇文章，全部采自民国时期付印的数百种书、报、刊，作者群星灿烂，角度各异，内容繁杂，涉及面广，最大限度地忠实保存了联大本真状态，将使所有关注、热爱联大的读者对联大的研究和认识更深入透彻，有助于人们走近走进、研究探讨和学习实践联大文化，更好地弘扬中华优秀传统文化，继承中华文化精髓。

较《联大八年》而言，本文丛收录的文章时间跨度更大，涉及面更广，视角更全面，现场感更强，可读性更佳。文丛体裁多样，以回忆录、信件、日记、评论、报告文学、新闻通讯、诗词等，从不同侧面、不同角度彰显揭示了联大的办学历程和办学精神。编者将这些生动反映联大的文字，依其内容，大略别为九册。其中：

——抗战烽火，学府西迁。《八千里路云和月——长沙临时大学播迁记》载录了全面抗战爆发后，长沙临时大学建校的历程，及其后长沙临大辗转迁徙昆明改称西南联大的历史记忆，翻启联大不可磨灭的史册开篇。

——笳吹不绝，弦歌不辍。《笳吹弦诵在山城——西南联大学术风景线》呈现了联大身处边城，在艰难困苦中坚持学术，弘扬文化，形成联大学府异常活跃的学术风景线。

——爱国阵地，青运先锋。《我以我血荐轩辕——西南联大爱国运动纪》透过团体活动看联大，从不同侧面展示联大的壁报、社团等活动，是联大爱国运动的缩影。

——九州遍洒，黎元热血。《一寸山河一寸血——西南联大抗战救亡曲》反映了联大师生在烽火警报声中，心系家国存亡，积极投身抗日洪流，以投笔从戎等多种形式，谱写的慷慨激昂可歌可泣的抗战救亡曲。

——身处西南，动心忍性。《布东考古布西算——西南联大师生众生相》再现了联大师生克服居无定所、物价暴涨、空袭频仍等穷窘考验，直面生活，致力学术的不屈不挠精神。

——绝徼移栽，问学树人。《绝徼移栽桢干质——西南联大问学拉杂谭》实录了联大作为我国最高学府的联合体，移驻云岭，以学术救国的时代担当，顶天立地，攻坚克难，成为社会文化引领者的风貌。

——导扬文化，壮怀难折。《南渡流难寄山河——西南联大服务边疆志》记叙了联大师生立足云南，脚踏红土，心系山河，深入西部进行社会、人文、自然考察，投身边疆开发的情形。

——中兴大业，更须人杰。《五色交辉聚人杰——西南联大人物风采录》彰显了联大以“大学者，有大师之谓”的恢宏气魄，展现了一代名流巨擘的英才风采谱。

——斯文一脉，如山如海。《刚毅坚卓未央歌——西南联大精神漫笔集》颂赞了联大以三校“不同之历史，各异之学风，八年之久，合作无间，同无妨异，异不害同，五色交辉，相得益彰”的办学气质所铸就 “刚毅坚卓”的风骨。

以上九册，虽各有侧重，然而又相互联结渗透，相互渲染补遗，美美相成。无疑，这是一部雄浑壮丽的西南联大纸上纪录片。

为使读者更真切地进入当年的语言环境和文化环境，除了对明显的错讹进行修订外，编者尽可能尊重原文风貌，一律不作改动。例如“那”（哪）、“底”（的）、“化”（花）之类民国时期遣词用字，以至其标点符号，便一仍其旧。

囿于时代局限，有些文章存在对少数民族的蔑称（如“夷人”“罗罗”“倮倮”“苗子”等），以及对少数民族风俗习惯的误读讹传（如知识落后、手段野蛮等），但这也是当时社会历史的真实写照，为了有助于民族史社会史研究者，多未作更动。文丛也容纳对联大的各种批评甚而误解，这些不同的声音，恰恰反映了联大包容万象的一面。

有人说抗战时期最有效率的两个机构，一是西南联大，一是速记学校。而这套文丛的编辑却历经七年才告完成，相较联大真是效率颇低，甚感惭愧。文丛编辑之初我新婚的妻子刘仁芳参与录入大量文字，时小儿龙景湘正于母腹中孕育，如今孩子已在迈向小学新生的路上，九本小书才呱呱坠地。文丛编竣付梓，似乎自己也置身联大之中，与师生们一起在警报声中过着抢时间、抢洗脸水、抢饭菜、抢书籍、抢座位、抢听讲演、抢出壁报、抢泡茶馆等等，与他们一起创造无与伦比的西南联大故事。

文丛的编辑出版，得到了云南师范大学和云南人民出版社的鼎力支持。成书过程中，西南联大研究专家，有关方面的师友、同事、学生，以及云南大学秦树才教授团队助力编校工作，使得此书能够顺利编竣。谨此一并致谢！

文丛自2011年启动编辑工作起，即通过微博等多种方式查找书中作者的联系方式，但至今为止，有关的信息反馈寥寥。在此特别拜托文丛的有关作者及其亲属与编者联系。

当然，有关西南联大的战时文字不止这九册的规模。不算西南联大师生在战时撰写的著作、文论、报告等等，单就讲述西南联大故事的文字而言，笔者手中尚有十数万字未及整理，其后或有增补或续编，敬请读者诸君期待。由于编者水平所限，加之许多民国文献印刷模糊难辨，缺点错误在所难免，祈望学界同仁和广大读者不吝赐教！

二〇一二年七月，写于昆北盘龙江畔

二〇一六年六月，改于西南联大旧址

二〇一八年十一月，定稿于云南师大呈贡校区

目 录

// 一锅焦饭一锅焦肉（昆明通讯）

赵萝蕤

×：我们是三月一日上船，一路晕，三日正午到海防。海防不像香港，清淡而整洁。但是可怜的吃槟榔的黑齿安南男女，我们对不起他们；他们温柔胜过绵羊，对我们这一班命运也很惨淡的上国百姓维恭维谨，那些女子都有丰盛的头发，漂亮的腰身，但只是两排乌玉的笑，使人想到某一种的痛苦，灵魂不但死了，且永不得轮回，转世为人。安南人上午睡觉，太阳使他们只能做三分之一的活人，因此上街闲逛，只见重门深闭的店铺和住宅，偶而有一两匹驴子似的小马慵懒的拖着车和主人在路上慢慢走去。安南也没有强盗，只有像牛毛一样多的小偷，扒手。灵魂没有了家，犯罪也是犯不大的。在安南留住两天，我的一点法文，和安南人做了朋友；还在一家欧洲大饭店里喝著名的法国咖啡，在一家法国公司遇到一个黯淡而惨白的同乡，看见了我们，如见亲人，或胜于亲人。五日早晨乘滇越四等车登程，闷热异常，车子比船还颠，几乎又要呕吐，白天上车，晚上住店，七日下午五点到了昆明。沿途风景之佳，绝无仅有，高山绿水，加以红树遍野，如入画境，看见陡立的山峰，乱石奔泉和远云，使人想起“四王”，看见红树蓝天，丰美的植物和泥层，又想起杜纳（Turner），钻了一百八十几个山洞，涉过多少奇险的桥梁，才到了昆明。中国的国土，就单只土，令人神往。土地和人永远不能分开，土地不要我们的时候，我们也该睡在坟墓里了。

路上极为辛苦，因此一到昆明，就生了三天病，住了医院。除病之外，就是奔走找房子，十天的辛苦才算弄了两间鸽子棚，每月廿五元大洋，电灯算是加亮，因这里的电灯比洋烛还黯小，自来水也算有，但是常常不来水，一天要闹几次旱灾。房子既贵，又要押租，我们幸亏租的二房东的两间，天天上馆子，昨天自开火，又没老妈，挽了篮子上街，忙了一上午，吃了一锅焦饭，一锅焦肉，今天吃烂饭，总算略有进步。天啊，两只腿一蹲蹲了两小时，弄得两手油一头灰；大概那件宝贵的灵魂离着坟墓也不会太远了。我赞成劳工神圣，这种神圣会训练思想和情感都呆木起来，钻在肉和菜的肚子里。再过一年遇到 ××，一锅白米饭，一锅鲜汤肉，这时也就把我的灵魂献出来了。……我可算一事俱无，但是事情也多得很，洗衣抹地，淘米烧菜，如此而已。

云南无四季，树木经冬不凋，但一日之内即有四季：早晚棉，正午单，外面比屋里热一季。干燥得厉害，于肺病有利，于心脏病极不利，易患感冒。但是四郊风景绝佳，山明水秀，不算坏。

这里刮风扬土很像北平，四合院红漆门也像北平，但是这新的北平不比那旧的真的北平，新的固然使人新的活，但是旧的写着更深更切的一叶历史，没有历史，人不会有，正如没有父母，也不会有我，只有天天呻吟想回老家去了。

盼望你来信，我写得很多了。祝你好！

萝蕤　三月廿日昆明

选自《众生半月刊》一九三八年七月一日第五号

// 给小莹的信

沈从文

这是沈从文伯伯给我的一封很有趣味的长信，他信的内容不仅是写个人方面，而且也说了现在昆明文化界朋友们的生活状况，我念时简直没有停过笑，其中讲到云南的出产，也是很有趣味的。我想这一定有不少人会像我这样感觉有趣的，所以特意抄下来，寄与《文艺先锋》；从文伯伯一定不会因我没有征求他同意便发表而生气吧？！因为他一向对小孩子是多么的好脾气！我至今都很清楚的记得他是这么样的一个人。

陈小莹附志

小莹：

真了不起，你的信写得那么好！我和我的黑脸太太看过后，都笑了。（是佩服的笑！）

这个信使我们有机会谈起许多旧事，我本想不回你信，只写个“想像中的小莹”，在你们看得到的刊物上发表。写的一面是黑而俏，一面是健康活泼的在一株花树下做捉间谍的梦，就在这个情形中，你妈妈上街回来了，间谍也乘此逃脱了。怎么妈妈回来间谍反而逃脱，而且很可能是从瓦上逃去的？你想想看，这间谍是什么，—— 一只花猫儿好不好？除了一只猫，简直想不出更像间谍的东西！

你说你不是“摩登女郎”，这个名词，云南四川用法似不大相同。我们这里说的是健康，活泼，聪明而乖，不是指会穿衣敷粉，这个叫“时髦女郎”！你这时尽管不黑而俏，到我下次看见你时，保定是被阳光晒得黑而俏了。

我还记得第一回见你，是在武昌一个什么人家洋楼中（很美观的洋房），文华学校附近，你在摇篮中用橘子水和奶粉当中饭，脸瘦得像个橘子，桃子，李子？——唉，真不好形容，可是眼睛大而黑，实在很动人！

第二回是在北平东城你家中，大热天，徐志摩伯伯还在世界上和金伯伯用手掌相推比本领，你那件小花衫子，我将来写小说时，还得借用到故事中！

第三回在珞珈山，你每天总到小学校车站旁边去找那位警察朋友，天晴落雨，通不在意！吃饭时，和你妈妈相吵，就傍近爸爸，和你爸爸鼓小气，又倚靠近妈妈；唉，这个作风，假若保留到廿五岁时，可就真厉害！

第四回……你想想看，在什么情形下看见你最好？照我希望最好是带点礼物来参加你和什么人 ××，因为如果那时要来宾演说，我不必预备，也可以说说这个故事，让大家开开心。可是到那时，我也许像电影上的老头子一样，笑话想说说不下去，只感动快乐得流眼泪。因为那时节国家也转好了，你们长大了，一晃廿年，很可能你妈妈看到那个礼物也要流点快乐眼泪！这礼物原来是你一张一岁多点的相片，上面还有我妹妹写的几个字，“眼睛大，名小莹”，这相片有个动人历史，随我到过青岛，住过北平蒙古王府——卅一年昆明轰炸学校时，同我家中几个人的相片放在一处，搁在九妹宿舍小箱子中，约四十磅大小一枚炸弹，正中房子，一切东西都埋在土中了，第二天九妹去找寻行李时，所有东西全已被人检去，只剩废柱上放了一个小信封，几个相片好好搁在里边。原来别的人已将东西拿尽，看看相片无用处，且知道我们还有用处，就留下来，岂不是比小说还巧！你想想，事情巧不巧？若当真到你 ××，把相片装个小小银架送来，这份礼物真不轻！不过假若真有这么一回事，我估想得到，相片过一会儿还是会搁到什么不打眼地方，因为那时节你一定会被同学们围住作别的玩意儿，我也将带起大近视眼镜看你妈妈收藏的古董去了。

你欢喜吃糖，四川出白糖，空吃一定不什么好，寄来的一包小玩意儿，一次用饭粒大小一点儿，放在糖水中，或放在红茶中，柠檬味儿就香喷喷的到鼻子边了。

还有别的好吃的，如像澳洲来的乳酪，本地出产的乳饼，乳扇（饼是羊乳作的，扇是藏边雪山牦牛奶油作的），不容易捎来，只好说说，引起你想来联大升学的幻想了。

四川可吃的一定也很多，可是我们这里吃过的你们必尝不到。如大雪山下的鹿脯，小说上还只有史湘云吃过一次，我就不止吃一次！暹罗缅甸的象鼻子，虽无福气领略，多少总看过了。熊掌同妖精手掌一样，干干的满是黑毛，如挂在墙上，晚上睡觉真担心它会从墙上蹦下掴我一下。黄桃子如芒果，有饭碗大，是中国最特别的种子。蕈子据说有百多种，佛掌，牛肝，鸡踵，北风……数学家恐怕也数不清楚！有些生长粉红色细枝，真像珊瑚。所有蕈子味道都很好；洋白菜有廿斤一棵的，青菜有十多斤一棵的。桃子可吃四个月，梨子吃半年（有廿来种，木瓜梨极奇怪）。五月能吃石榴，大的一枚有一斤重。

金伯伯（即金岳霖）在北平时玩蟋蟀和蝈蝈，到长沙买了百十方石头章，到了昆明，无可玩的，就各处买大水果，一斤重的梨子和石榴，买来放在桌上，张奚若、杨今甫伯伯的孩子来时，金伯伯照例就和他们打赌，凡找得到更大的拿来比赛，就请客上馆子。你想想看，你如在这里，用捉间谍耐心去找找石榴梨子，还愁无人做东？金伯伯还养过一些大母鸡公鸡，养到我住的北门街，走路慢慢的，如天津警察，十来斤重，同伟人一样，见了它小狗也得让路，好威风！可惜！到后我们要搬下乡时，他送人也无处送，害得他亲自抱下乡去，交给陶伯母，总算有人承受。你若在这里，纵口馋量大，宰一只时，恐怕也得吃个一星期！现在我们作杏子酱，还是七八斤一坛，实在吃不完，不免委屈了它，想捎三五斤来，可不知那一年我有这个方便。我们先约好，总还有些少分量的玩意儿来，并且一定是你不大容易见到的。你等着吧。

你可会不会烧饭做菜？我做的“罗宋汤”是够得上请罗斯福的，因为这里西红柿极好（大的有一斤重一个）！做出的汤似乎比文章还得人赏识，真奇怪！总有一天会请你们尝尝的。很可惜是，廿七年你和妈妈不曾向湘西走，如到我沅陵家中住半个月，才真是口福！我的哥哥作的菜，沅水流域军官全都翘大拇指——不说了好，再说下去，我倒想回家了。

你可猜想得出我一星期在昆明每天吃些什么？原来只能吃点米线（米粉条）当早晚饭！

这里花生也得两百元一斤。你这时节来，若在乡下，可以请你吃许多东西，若在城中，保留保留，且俟当真来时看罢。

你看些什么书？看巴金的小说一定有意思，巴金五月八号已结婚，太太也是个相当能吃的很可爱的小姐。

我有个七岁小孩胖胖的，专欢喜吃肥肉，会画画，间或也爬上树去摘摘生桃子吃。

我们住的地方，是出果子地方，上市时每天有三百石果子进城，满火车是各样水果。大致那么热闹，两个多月方逐渐减少，你试闭眼睛想想是个什么情景。

袁先生的小姐已能写那么好的文章了，你一定也快了，我倒羡慕嗓子好会唱歌，以为比写文章有意思。你可会唱歌？

钓不钓过鱼？四川的鱼，一定狡滑得多。

沅水钓鱼只需用线捆个小肉骨，放下去一拉，即可得一斤重一尾的鱼。

听朋友说现在降落伞的设备，有手掌大的蔻蔻糖，可救七天命，有几包香烟，一把刀，一条绳子，另外还有个钓鱼钩，为的是恐怕掉下来在无人处寂寞，钓钓鱼消遣，可是我有个熟人，却掉到印度森林中，坐在树顶上，整整四天，方得救！在那个地方钓鱼钩好像不曾用。

现在去美国，只加尔各达到锡兰一段路，坐船要护航，此外太平洋军船行驶，安全之至，这是一礼拜前小朋友回国经验。如你和妈妈有机会出去，尽管放心坐船去，不会有问题。

你可是个运动员？将来学什么？嘉定的间谍恐怕不多，你真是英雄无用武之地，想捉一个吧，也不容易。我们在这里呢，只想捉虫，都说极厉害，事实上不过是一种大的怪蝴蝶罢了。本地人叫做“虫”，且传说能吃人心肝，完全荒唐的事！这些蝶蛾有身上起太极图的，有作虎斑的，有全黑却加上红股股花纹的，有一色碧绿绒，头是乌黑的。大的约六寸长，贴在壁上，不动时，完全如一幅新派画，实在又美丽又奇怪，碰机会若得到，寄个来让你看看。这种蝶蛾在大理清碧溪、点苍山上面，多悬挂在溪边树上，如小风筝，间或有一尺大的，完全如假造的。我亲眼见过六寸大的很多，就总还以为是通草作的。

我最不敢回信，一写就是八张，有一半说的是吃东西。因此我才想起今天还不曾吃晚饭，得下楼到对门小馆子去了。

我这里住的地方，附近约有廿个小馆子，全是联大教师学生照顾。教师中最出色的要数吴宓，这个人生平最崇拜贾宝玉，到处讲演《红楼梦》，照例听众满座，隔壁有个饭馆，名"潇湘馆"，他看到就生气，以为侮辱了林黛玉，提出抗议，（当真抗议）！馆子中人算尊重教授，便改名为"潇湘"。你想想看这人多有趣！你问问妈妈，她会告诉你这人故事的。

小茶馆全是学生，当做图书馆，和咖啡馆，也读书，也玩扑克牌。间或有一辆小汽车驰过，美国洋人吃得饱饱的，笑迷迷的，和街上的顽童翘起大拇指叫"顶好"，表示中美友善。开小铺子的，卖点心的，提茶壶的，凡是女的，手上必有二三金戒指，或一个金手镯，因为他们都发了财。教师和学生，可大多数破破烂烂。鞋子最破的或者数曾昭抡，脚踵量地，一眼看来真够凄怆。可是大家精神都很好，因为总想着到你们长大时，一定可以不必如此困难，活得不但幸福，也可望来尊贵得多了，我们这一代是应分吃点苦的。

刘秉麟先生那个梳大发辫的圆脸小姐，一定也大了。周先生家我记得还有个大眼睛如黑人神气的小周先生，在上海施高塔路住时，我每回去看他姐姐，他就要我说故事，想不到这位姐姐从英国戴了副大近视眼镜回来，已做了博士，真如小说上说起的"女博士"。那位小周先生大概也从大学毕业了，周伯母可还敢不敢在嘉陵江游泳，苏伯母可还如在珞珈山时那么骑自行车，头发不长不短如女兵？避空袭可还有人藏在方桌下，方桌上放个木盆装上一盆水？

从文 六月十五夜

选自《文化先锋》一九四四年八月十一日第四卷第一期

// 西南联大的一千五百个学生

银 骑

中国是在弥天烽火中争求新的活路，一切新的份子，新的事业，全在艰苦卓绝的处境下抬起头来，产生出来。

新军的训练，新工业的勃兴，大家在危难中南迁，埋头致力于复兴工作，这已有了显明的事实。

而中国所有的教育文化机关，差不多被毁了十九。我们固痛心于魔鬼的毒手，就是全世界的文化团体也一致替东方几千年的历史惋惜，替无数莘莘学子失去了进学的机会太息，一致痛斥这破坏东方文化的辣手。

同时，我们呢？处于困苦现状下，仍积极的在培养新的份子，西南联合大学，就是一个国立的大本营。那是清华大学、北京大学、南开大学等联合组织成功的，由于人力的充实，政府的奖掖，内部机构是异常健全，四方负笈来归的，都七百人。真是气象蓬勃，未可限量。

在本年三月份，他们怀着更大的希冀，将联大全部移至云南的中心点昆明，跟着新的环境，继续开学上课。但是自然学生方面住宿的多，而昆明的人口指数，是随着战事的移动，逐渐地增加。战区以及香港避难而来的，酿成昆明屋少人满，前所未有的怪现象。

联大想找寻广大的屋宇作为宿舍，事实上终不容妄想，而自己建筑新宿舍吧，则又碍于时日问题，极为困难，不得已只有局促地把学生分居了。

学生总数已由一千余增至一千五百许，里面有十之一,一百数十个新女性。以他们办学的精神来推测，下学期当可增加到二千许学生。学科暂时规定文科、法科、理科、工科四个学系。

教授跟学生都非常严肃地过着日子，即说他们上课的情景吧！讲堂上没有一条凳子。教授面前放着一张破桌，说也寒酸，原来是四只火油箱。学生全体站立着静听，气象万千，空气里充溢新的愉悦。他们每天上课六个钟点，得锻炼三百六十分钟的腿力，男女一般的这样生活着。课外自修也谨严得异乎寻常，尤一致在大目标下干抗战救亡的运动。

据联大常委蒋梦麟说，联大的将来是有极大的希望，即在今日之下的艰苦困顿环境下，也有了显著的成绩。至于大批实验仪器，及参考书籍，早经向外订购，在陆续运来。蒋氏于联大有甚大的兴趣，将以全力完成这光荣的大业。

西南联大的前途，真太可惊了！

选自《迅报》一九三八年九月二十九日

// 西南联大的学生生活

何期明

——我愿西南联大是一座大熔炉，使成千的青年通过这座熔炉，锻炼成担负“抗战建国”的神圣工作的生力军。

敌人的炮火片刻不停的警惕着我们，使我们清楚地认识了：要保存我们的国家民族的独立和自由，子子孙孙不至做奴隶，就应当坚决的抱着这个唯一的信念：“抗战必胜，建国必成”。这个信念决不是理想，是绝对的真实，应当在我们每一个人的脑子里，深深的种下一个绝对不会动摇的根。这个信念，也就是我们每一个人的工作前面所应当树立的共同目标，我们每个人的生活方式纵然不同，但都应该向着这个伟大的共同目标努力的做去；我们自己如果需要自行检讨的时候，也应当以这个共同的目标为准绳。

无疑的，大学教育在“抗战建国”的整个工作中，占着一个极为重要的部门，大学生——四万万人民中间极少数得有机会受着国家最高教育的男女青年——应该锻炼成准备参加这种伟大的工作的生力军，所以目前大学生们的思想和行动，日常生活状态，他们是在怎样的锻炼着自己，社会上的一般人士对他们应当有更进一步的了解。现在仅就笔者所知，把西南联大的学生生活扼要的写出来贡献给大家，好来作一个共同的检讨。

联大学生的饭食

自办大众厨房，每月六元。

包饭，每月七元半。

小厨房包饭，每月九元。

单人在教授厨房私包，每月十二元。

自然从吃上也显得出学生的贫富来。其中大众厨房的食客要算最多（其实也不一定都穷），占文理法三院人数的五分之四。每月六元，真正靠着学校贷费活着的穷学生们看来数目已是不小了，但是经过厨工的偷扣和菜贩们对于异乡口音的学生所要索的高价之后，能吃到的：早晨大半是先一天的剩米稀粥，配一点咸萝卜丝，几粒花生豆；午晚两餐也不过八人合吃四个小菜，在十天结账时候间或会幸运的吃一次鸡。这个价目以上的饭食，当然是一等一等的好起来了。不过这四等饭食以上也并不是没有一个人，那张最上等的食谱应当是这样开的：

早点　　鲜牛乳窝鸡子，配西式点心数块。

午餐　　新雅的盘黄双鸡　皮鱼。

晚餐　　青年会五角一餐的客饭。

外加去回车费八角至一元。

同时，和这成鲜明对照的也大有人在。他们的饭单又是这样：

早点　白开水一漱口盂。

午餐　大饼两块配辣椒豆瓣酱。

晚餐　大饼两块配辣椒豆瓣酱。（一日几费一角）

后面说的两种人，都是“特例”，占不了学生总数百分之一。

联大学生的衣着

褪了色的黄制服，黄制帽，天气冷了，加上一件黑色的棉大衣，这至少是十分之八的学生们一年四季唯一的服装。其次是大褂；西服就少了，那都是自平津上海或香港带过来的。皮鞋，要占半数以上，最多是本地制造价值三元的货品；胶皮底鞋也不少；四角一双的土布鞋也大有人在。真丝袜或许会有一两双，露着脚跟的破线袜比较要占优势些，甚至缀着一层层的各色补钉占有三千四百里的灰泥的粗布湘袜，也还有人穿。外表看起来虽有人穿着价值几百元滇币的Jacket，但也有不少制服里面却衬杂色布的“百衲衣”。至于女同学们，还是蓝色布褂的多，平日在校内高跟鞋也不多见，听说受训期间，仍有少数人不穿花袍不便出门的，那又当归诸“特例”了！

男的服装奇特举动逾越常规的，大家便称做“怪”；女的浓装艳抹形色佻达的，大家就呼为“妖”，妖妖怪怪，三两人耳！

图书馆一览

在天津东北城的官银号、北平前门，挤进电车是一件难事。要挤进联大的图书馆也并不比那件事容易。每次在开馆前十五分钟，三层楼梯上上下下便拥满了人，等候着打开那两扇玻璃门。尤其在晚上，如果你在开门后迟到了两分钟，几百个座位就不会有一个空的；如果你又舍不得这一晚上时间，那你只好拿着书贴着墙站在灯光下。

联大的精神生长在图书馆里！

一般的思想

“五四”以来，“自由”的，“反封建”的，“反侵略”的思想，深深的种在一般人的脑子里，愈是刻苦读书的人，这种“正义感”愈是浓烈，因之“爱国家”，“爱民族”的心也愈深切。他们向不畏惧什么“权力”，却绝对服从“合理”和“真能”。但是在这个思想圈子以外，混混日子的当然也是有的了。

课外活动

缺少研究团体和救国组织——过去文法学院就没有学生会，这是笔者所最认为遗憾的。

文法学院哲学系的教授们有一个哲学会，在南岳和蒙自曾举行过几次公开讲演，是引起学生们在学术上辩论的惟一机会。

文法学院上期在蒙自的时候，一部分同学曾办了一所平民夜校，从儿童到成人，学生的数目有二百多。蒙自县城内外的大街小巷都住有联大的学生们，街头巷尾到处唱着“救亡歌曲”。每一个纪念日到来的时候，同学们向来也不会让它寂寞地过去的。蒙自，联大同学已经在那里种下了一颗抗战的种子，这颗种子此后的发荣滋长，要赖那里民运工作的负责人了。

本月初在昆明接连举行了六天募捐寒衣的公演，沉寂日久的联大同学已经开始在动了。

像在平津时代那样的轰烈运动，现在或许不会发生了，时地既有不同，狂热的战士，多半还留在北方的原野里。如果说那般人是“狂”，而现在的却是“狷”。正如孔于所云：“狂者进取，狷者有所不为也。”

联大学生的娱乐

终日过着“读书以外无生活”的生活的学生至少有三分之一的人数，“生活只有娱乐”这样的人也不能断定没有一个。因为“国难”，大部分的同学不大涉足娱乐场所的，纵有，最多限于电影院，——可怜得很，笔者从长沙到昆明，一年多了，竟没机会看一次电影。学生们为了去捧金牡丹、王树槐而常出入于旧戏场的，想是很难找到了，百分之九十九的学生生活不会近乎那种“趣味”。

笔者对于看电影，并不整个固执地反对，如果关于抗战的，并且还有力拿出最低等的票价的话，也不妨瞧瞧，至少可以抵过翻一本战地记者的 × 线视察记。至于连抗战影片也没有资格看的大众，有的不过于饭后几个人凑在一块来两次“Bridge”，或在操场上溜几个圈子罢了，

男女关系

从外观上或者会说联大男女学生们的关系有点“随便”，走近来考察，却完全不是这么一回事。男女生中间的壁垒依然森严，平日甚至同班同乡也很少交谈招呼。客观的说，这种关系是不“健全”，不“自然”的，还残留着星星点点的封建意识，——这是我们整个社会男女间“人”的关系上的意识的反

映，青年人思想上的矛盾点。——间或双方有人突破了这条壁垒，或许就会就此成为爱人。这种事情，在这个青年人的集团里也很有几桩。其中固然可以找到一两双“既不念书，又不救国”的如胶似漆的“情人”，但是更常见的还是“关系正常，相互勉励”的爱侣。

笔者还是个青年人，还没有禁锢青年人“正常”的活动的思想，对于后者，既不“摇头”，也不叹气。

我的三种希望

一个学校可说是一个个现社会的缩影，有“善”也有“恶”，于是产生了社会人士所谓“良莠不齐”的现象。但是我们只要不是悲观论者，都应当注意“善”的一面。固然对于“恶”也不能故意遮掩，应该时常检讨和批评。我以为要防止“恶”的发生，应该向积极方面做去：一个人的生活，固然要“动”（Action），但是也要有“静”（Contemplation）。“静”，就是“反省”，就是“检讨自己”。有了“静”，“动”才不至陷于“盲动”。再者，我们打算把自己训练成一个健全的“人”，生活态度的确定是最要紧的，只按个人讲，也应当向远大的“幸福”着眼，不该泥于目前一点的“声色口腹”之“乐”。依着这种观点做去，不独个人的身心自然会健全起来，将来走在社会上，把这种精神推而广之，及于人人，也就是社会的健全的战士，大众幸福的创造者。笔者的一己之见，大部的同学们无须听的，他们比我要更明白些，这只限于贡献给曾被不幸的指为干过“莠”者才干的事情的人。不过我仍愿写出六个字了——“严肃”，“规律”，“紧缩”，希望全体的同伴们在此国难期间积极的相互加勉。

在一个拥有一千多学生的大学校里，学生间的经济情况既这样悬殊，——富者手里存万元越币，贫者缴不上饭费——生活性格自然不会完全一样。但是大多数的学生在个人生活的体验上，读书的心得上，若干教授们的见解和行动的影响上，已经渐渐确立了健全的生活态度。不过这只是教授们周遭三三两两的个别熏陶，整个团体的训练和管理还是不够的。我们知道纵然是大学生，总有少数不经比较严格的训练和管理，并不会“自然成长”起来的。为求大学教育得到最善的成果，为使西南联大变成一座火光四射的熔炉，给国家多锻炼成几个健全的工人，学校当局对于积极的训练方针的拟定，坚毅勇敢的领导，已是刻不容缓了。

在这座新而且大的熔炉里，如果我们都有了远大的神圣的目标，——为锻炼成国家民族的刚健的战士而工作——这时，从我们的远近自然会飞来光荣的称赞。不过话又说回来了，目前这座静静的熔炉虽不是火光熊熊，但在内心却仍潜藏着活的火力，决不可从外观上“完全否定”，说它只是一座冰冷的东西。所以我希望舆论界不独要更亲切的把西南联大认识得清楚一点，就是对青年的批评态度，也要偏重于积极的鼓励方面。当然，缺点也应当指出，但切忌藏头露尾的冷嘲，要在过失和不够的地方不含丝毫气愤的说过去，而注重肯定的指向一条远大光明的道路。这样，青年人才会悦服，才不至因态度和用词的失当而引起“恼怆”。譬如最近外界对联大学生概括的批评，使一大部分埋头书案的矿工们也感觉不安了。

批评青年，我最佩服鲁迅先生的态度，笔下不带丝毫愤怒和恶嘲，流露无限的慈祥和爱护。

选自《战时知识》一九三八年十二月廿五日第一卷第十二期

// 西南联大的学生生活

兆 凤

昆明西南联合大学，是由北京大学，清华大学，南开大学三个组合而成；分为文理法工师范五院，学生人数超过两千，差不多各省人都有，教职员也有一百多人，所以范围之大，目前在国内算是数一数二的，学校最高当局是三位常务委员，也就是原来三校的校长——蒋梦麟先生、梅贻琦先生、张伯苓先生，所以我们现在有三个校长，在全面抗战中，它虽站在后方，但它的使命是非常伟大的，它培养几千优秀的青年贡献给神圣的抗战，更贡献未来的建国力量，我愿把西南联大学生战时生活情形报告读者。

（一）校 舍

想起清华北大在北平的校舍，真使人留恋惋惜的，这里的建筑是相差太远了，不过这是战时必然的现象，因为人数多，校舍的范围很广，一部分是自己新建的，一部分是租得本地昆华中学的，新校舍在大西门外，住的全是理学院及一年级的同学，外围是一道黑色的土墙包绕着全校，内面很广阔，大致可分东西两部分，东边是办公室和课堂，一幢一幢整整齐齐排列着，真有点像鸽子笼，顶是绿的，墙是淡黄色，远望去衬着墙外的远山和高耸的白杨树，也很美丽。西边一带都是学生寝室，茅草盖的顶，黑煤烟漆的土墙，嵌着几个木杆钉成的窗子，初看来谁也不相信是寝室，在这些低矮的房屋之间，有一幢又高又大的房子，像一个巨人站在小孩子们中间一样，那就是我们的大图书馆，新校舍因是草草赶筑而成，还保留一些原来的模样，有许多笔直的柏树，终年带着如深水的晴绿色，天天有大群鸦雀在树梢盘旋，还有原来的小山野草，池塘；尤有趣的，还有很多满是漫草的老坟，在我们寝室旁边，当晨阳金黄色的光辉从云雾间射出，泻满了屋顶，泻满了草地，树顶的鸟儿，由这枝上飞到那枝上，啁啾闹成一片，或是在黑暗的晚上，四边寂静，寝室窗内，零落地射出豆油昏黄的灯光，都有一种乡村的特别的风趣，租得昆华中学的房子，在西门内一带，这一幢那一幢，也很散漫。这些房子都有电灯设备，有比较舒适的寝室，但没有新校舍那种田野风味。

（二）食

对于昆明学生最感麻烦和窘迫的，就是“食”的问题，我们现在的伙食是从十五元到二十元不等，但质和量都是不行，此地米价之高恐没有别地可比得上，好一点的米会卖到一百多元一担，我们吃的是公米，也要五十多元一担，我们吃的饭是很粗糙的，有时饭里很多砂子，简直不能咽下，菜更是简陋可怜，八人共一桌最好有四小碗菜，天天差不多是一样，豆腐，青菜，米粉等等，既不见油也不见盐，餐餐碗碗都是那样淡淡的味，（也可以说没有“菜味”。）质不好也倒罢了，但量也总是不够，到了第三碗饭，菜早光了，你不硬吞白饭下去，就得空着半个肚子出来。有同学在壁报上写着：“米如珠，薪如桂，如何得了？朝朝暮暮，暮暮朝朝，这般下去，恐将来人比黄花更苗条！”为了“食”的问题，使学生常感到苦闷，但这不能减少学生活泼的精神和读书的热心。没有吃饱饭，缚紧裤带，仍在图书馆埋头用功，这是常看到的事，谁都明了，在抗战期间，这点痛苦无论那个都应该接受；没有目前的痛苦，也就没有将来的幸福，最近政府已经有津贴给我们，如果物价不再高涨，伙食是可慢慢好起来的。

校内伙食虽不好，可是学校附近的小食店却像雨后春笋一般一家一家出现了，北平馆呀，广东店呀，苏州餐室呀……都有了；各形各色，风趣殊异。因为东西比较经济，同时在学校里又常吃不饱，同学们很喜欢去光顾这些小食店，或是一个人独酌，或是几个朋友聚餐，或是请女朋友，三三两两，进进出出，也很热闹，这种情形，恐怕别的大学也差不多罢！

（三）衣

很多沦陷区域的学生，或是家庭穷苦的子弟，他们差不多全靠着奖学金或救济金过生活，真没有钱来做衣服，天天总是穿着那几件从前的，破旧的制服，学校的制服本规定是黄色的，为着顾虑一班穷苦学生起见，今年没有限制学生一定要做新制，只要是短衣就行，所以学生衣服是不同一的，但这对学校精神又有什么妨碍？穿破衣同学固然不少，打扮得公子哥儿一样的也很多，今天这样一套西服，明日那样一套洋装，尤其是女同学多半爱修饰，你看她们的头发，她们的衣服，都是独出心裁，互相标异的，胭脂口红还是少不了的东西。

还有一点有趣的，从清华北大南开老同学的服装上我们可看出他们不同的作风。清华学生喜欢穿西服，头发是光的，皮鞋是亮的，上下整整齐齐，有青年绅士的风度，北大学生却喜欢穿蓝布大衫，不太讲究修饰，他们都像整天忙着功课，没有闲暇来留意这些事，南开学生又是另一种作风，他们多数穿皮“结克”或是运动短衣，态度很活泼，似乎个个是运动员，女学生是个人作风，难从其中去区别。

（四）课内生活

我们上课的时候不算多，每周大概只有三十几小时的功课，因为上课教室不在一地，所以学生是非常忙碌的，这一堂要跑进城里，下一堂又要跑到新舍，只要下课铃一摇，就可看见许多青年男女，挟着书包在路上跑着，像遇了空袭警报一样，人数太多，讲堂又小，座位又有限，大家都希望先到有一个座位，如果走迟了一点，那是没有坐份的，那末，只好站着听讲，有些课，窗子外，墙角边都满挤着是人，他们整整两三个钟头站着听，站着写，疲倦了也得写下去。

除了上课之外，同学们大半天时间化在图书馆里，那里有无数的参考书和课外读物，任凭你去研究，阅读，在那里，只听见钢笔划在纸上沙沙的声音，和手指翻着书页的声音，虽然内面满坐着是人，但如教堂里祈祷时样肃静，这种景象不是很可爱吗？每个学生都爱这个图书馆，因为这是大家精神粮食的仓库。

在夕照的小山上，在树荫的草地上，在盛开的野花旁，每天早晨都有同学在那里高声朗读，或是国文，或是英文，在这个地方读书是自由的，不是更有趣更容易记忆吗？

在实验室中更是忙碌，你看，那边许多同学在玻璃瓶和化学药品中间，用了全副的精神找寻自然的秘密；这边又有许多同学在显镜下探求最奇异的世界，若你走到工学院的实验室去，更会有趣吧？到处有机器的震响，皮带的狂舞，钢铁造成的世界，（自然比不上清华北京的工厂设备，）还有同学敲樵铁条的声音或用工具磨着木头的声音，这都是学校的动脉和心脏。

（五）课外生活

联大处处表现“自由的精神”，学生对于课外活动是非常热心的，差不多每天都可看到新的壁报贴出来，或是研究的心得，或是时事论文，或是文艺创作，这一种出得热闹，运动更多，足球，手球，篮球，网球等等，设备虽难说完备，但玩得人非常多，常常有比赛：或是各院的球赛，或是和航空学校；云南大学或同济大学举行的锦标赛，女子球赛也常看到。

星期日是学生最活跃的时候，有的早晨到教室中去做“英文礼拜”，在基教圣像下，合唱宗教的颂歌，虔诚地读着圣经，每次完毕都要祈祷自己的康健和祖国的胜利，有的邀几位朋友到西山上去旅行，看白云的飞舞，听深山的鸟歌；或是到滇池去划船，万顷碧波上，任小舟随意飘荡，帆影点点，渔歌悠悠，这都是学生最爱的，有的去观电影，有的参加学校的歌咏队，我觉得无论那种课外活动，对于他们的心身或是功课，都有直接或间接的利益，在物质缺乏环境恶劣的情形之下，他们以精神来补助，你处处都可看到他们表现着充实的生命力。

联大居在抗战的后方，学生对于抗战虽不能说有很大的贡献，但也做了不少的事情，只要在学生能力范围之内，他们都愿贡献自己的能力，好比兵役宣传队，有一次环着滇海做十几日的宣传工作，又如征求“伤兵之友”，只要学校一发动，差不多每个学生都加入了伤兵友社，其他如学校演剧募捐，或是街头宣传壁报，或是义卖，或是献金运动等等，学生都自动地做了许多救亡工作，他们都不是前线的战士，但他们却是学术上，精神上，智力上，实验室中，图书馆内，各种各样的战士，他们固然愿竭力推动抗战，贡献抗战，他们更要在万分困苦中努力准备建立伟大光荣的新中国。

——五月于昆明

选自《四友月刊》一九四〇年第八期

// 西南联大学生生活

联　生

国立西南联合大学在云南昆明，现有学生二千七百余人。该院包含文、商、理、工、师范等五学院，总办公室在昆华工校。图书馆等大部建筑在大西门（城郊）外，工学院实验工场及二三四年级则在城内。教授大都是国内名流，随便举数个例如罗文幹、冯友兰、朱自清、沈从文、马约翰、吴友熊……学生则各处都有，从黑龙江到南洋群岛，从江浙到川滇，可谓集全国于一堂。这各院各系，功课都很忙碌，英文、数学非常吃重。现在就把这里的生活具体陈述，分食、衣、住、行四项来讲：

食。在联大里，一个学生最大的开支，就用在吃饭上，这里要三块半钱一星期的膳费，菜蔬很坏，饭粒很粗糙，可是同学不因为饭菜的恶劣，而少吃一点。相反的，比以前更会吃，吃到没有菜才止。清寒的同学可以请求救济金，十四块钱一月，恰好拿来做膳费。不惯吃学校里的饭，那末可以在学校附近小菜馆里包，大约三十块钱一月，比较丰美，可是总没有早膳的。

衣。因为昆明物价高，衣料缺，所以联大里暂时不做制服，长衫西装，各听尊便，形形色色，无奇不有。女同学有一小部分拼命的在质朴的城郊乡村里，显耀着十足摩登的都市的光辉，在口角上流露着傲然的微笑，当然我们不能以此而抹煞简单朴素刻苦耐劳的同学，前者是少数，后者是多数。

住。联大的校舍，大部在大西门外，从前是昆华中学和昆华师范的旧址，新建校舍有图书馆、饭厅、教室、实验室以及寝室。新校舍的寝室有四十间，每间可容四五十人，（双叠床）都是茅顶泥墙纸糊窗、黄泥地，大部份都是一二年级的同学，（一年级必须住校内）到了三四年级，就住在昆华，地方适意得多了，要是你不惯校内住，那就可以在外面租房子，但就不得请求救济金，否则严厉处分。

行。可以分为二脚行路的“行”，和日常生活行动的“行”。关于前者，联大因在郊外，路甚不平，晚上走路要小心，尤其是在雨天的晚上。其实昆明的街道，最好的护国路、正义路，亦甚平坦，因为不是柏油路。这里黄包车很贵，起码五六毛，七八毛。

其次要讲到联大的生活。生活在联大，可以适应每一个人的脾气的，不过一年级生就整天在紧张中过生活，繁重的功课，迫得喘不过气，不要说想到什么地方去玩一刻，就是松一口气的时候也没有。从大体上讲，联大的学生是把功课当圣经的。此外参加课外活动也很踊跃，有群社、联大剧社、联大女同学社等组织。群社里面，包罗万象，有研究文艺的团体，有体育的团体，有艺术的团体……什么都有，学术思想的自由，在国内可谓首屈一指。

生活外之生活

（一）坐茶馆——晚上图书馆太拥挤了，就到附近的茶馆里，泡一碗茶，一边吃一边看书，很有诗意，这样可以做完你夜间的功课，这个风气也是很特别的。

（二）“街头平等”——这是一个专门名词，因为在街头上，有西装革履的同学，和衣衫褴褛的同胞，同地同时嚼着大饼油条，最平等也没有了。

（三）图书馆的拥挤——图书馆在晚上是开放一部份的，但是位置太少了，所以每个同学，都抱着捷足先登的心理，照例图书馆是晚上七点开放的，但是早一个钟头便有大批同学在等候着了，时间一到，簇拥而进，弱一点的，便被摒弃在外面了。

（四）广告场——校内有公众布告处，贴着大批同学的出让征求等广告。从书本到日常用品为止，琳琅满目，花色繁多，不多细载，随便抄一张吧！“不顾血本，忍痛牺牲！（这是大标题）本人最近自香港寄到 Jacket 一件，原价四十元，新度99%，今愿以三十元出让，机会难得，请勿错过，接洽处——新舍 ×× 号 ×× 床位”。当然他们用广告的方式来写这些东西，所以在联大读上几年的同学，很知道买卖，做生意经。

（五）五年计划——联大里因为功课实在太繁重了，吞多嚼不碎，所以大部份的同学抱五年计划的，教授们也把这个名字，当作口头语。譬如同学们向他请求放弃学分时，他便问：“那末你不是预备五年计划吗？”其实联大里有读上七年八年的同学，他们的功课都很好，因为他们愿意在毕业学分之外，再读旁的学分。

联大的生活情形，就此结束了，这是实在的大概情形。

选自《新青年》一九四〇年第一卷第十一期

// 昆明西南联大学生的生活

黎锦扬

你可曾听到一些昆明人谈到许多关于西南联大穷学生的故事，几乎和传奇一样。最令人惊奇的，大概便是一个被饥饿压垮的学生，在银行抢劫了两千元。然而，他很快便被门卫逮捕搜查。除了赃物以外，门卫还在他的口袋里搜到一把中国旧式的锁，银行职员却一直误以为是一把手枪。这个抢劫犯怎么样了？没有人晓得。

另有一个学生，已经饿了两天，不经意中走进了一家大饭店，参加了一场盛大的婚筵，而他先前全然不认识那对浪漫的新人。新娘以为这个学生是男方家尊贵的客人，而新郎则以为他是女方家请来的客人，于是这个饿肚学生那天便受到特别的款待。据说他在婚筵上并没有吃很多，这一秘密本可以一直保守，不过这个不幸的人在他贪食后得了严重的腹痛，他便认为是上帝意旨他必须向他的舍友坦白自己的罪过。

从上面的故事看来，西南联大可怜的学生们的生活似乎是非常艰难的。的确，我们承认，昆明学生的生活是非常困苦的，然而它也决不像多数传言的故事里说的那样悲惨、恶劣。现在我要告诉你们在这广大的大学里这些穷学生的真实生活的片断。

多半住在学校寝室中的学生都是比较贫穷的，他们不似那班有钱的学生一样，可以负担在城里租住。于是他们不得不与一切困难苦斗——没有哪个住寝室的学生能避免。这些寝室犹如兵营，拥挤的房间内堆满了书、床、衣服箱子，以及只有学生们能熟悉的那些杂七杂八的东西。不用说，住寝室的学生

◇ （漫画一：和接下来的两幅漫画都是学生们在西南联大的生活。这幅展示了学生在寝室里用的那种简易的临时床。）

们的生活自然没有三年前有诗意了。他们不再在伴随着鸟儿歌声的早晨醒来，他们的好梦常被士兵们晨训时唱着的“起来，不愿做奴隶的人们”的歌声打破。晨训的声音非常粗涩，以至于没人能像三年前的大多数学生那样，赖在床上，沉迷在梦幻里。因此，他们大多数人不得不在六时前起身，就算是最懒的那几个，原先总是习惯睡到中午才勉强起来吃中饭的，现在也被迫起床赶早餐了。虽然早餐时间是七时，但在六时半以前，桌上除了空碗之外再无其他的了，因为早起的人都养成了先吃早餐再洗漱的习惯了。

每间寝室有一个盥洗室，然而这对学生们来说几乎是多余的。以大四学生作例，他们都喜欢在露天盥洗，那水也是由学生自己从井里吊出来的。虽然这工作可由校工庖代，但他们宁可自己做，因为这也是一种很不错的晨间运动。另一方面，频繁地使用冷水，他们为学校省下了大批药品，由于常用冷水盥洗，他们反而不常感冒了。因缺乏更多的娱乐活动，学生们常在寝室中自我消遣，如闲谈、唱歌、喊叫、说笑话，以及弹奏中国古典乐器。但这些娱乐方式逐渐变得老生常谈，他们便开始尝试着去发掘一些异想天开的方法自娱，如“坦克车收集”和“追老鼠”，都很有趣。

坦克车就是臭虫的雅号，它们在寝室里多得令人生厌。起先学生们并不注意到它们，因为它们没有蚊子那样烦扰。学生们还曾相信，那些笨拙的小家伙只需人一翻身就逃不了被一一压死。直到有一天，一个学生开始对这些臭虫发生了兴趣，觉得“坦克车的收集”就是好玩。他对旁人说：“臭虫是顶有趣的，它们贪婪的肚子里藏满了我们的血，好像等待我们去压死他们。当然它们吸血越多，肚子越易破裂，这就是侵略者的报应。”这个臭虫专家不但收集死的虫子，还把捉来的活臭虫也装在一个小罐里放在火上烧，并邀请同室舍友共览奇观。至于老鼠，真多得令人讶异，大得稀奇。它们竟像在汉满林小国（Lapetite de Hamolin）里一样在他们舍中捣乱，然而因为没有乔尔第富泰（Joueur de flute）运用他神妙的音乐将它们引开，只好由学生自己去追捕。他们起先觉得这种游戏颇为

Torturing a Rat

◇ （漫画二：“折磨一只老鼠”。这幅漫画展示了学生们正在“惩罚”一只老鼠。如文中所述，学校里处处遍布着啮齿动物。作者不愿揭露出中国人残忍对待动物这个普遍的特性。）

龌龊，但后来觉得惩罚这些俘虏是一桩快事。所以创造出这种效法尼罗王（Nero）的狂欢的玩意儿（把他们的俘虏放在烛上烧死），是他们常常自感快慰的。

至于学生们的伙食，真是远远不够的。但他们每个月可以得到学校发的十四元作为额外的食费。谁都晓得，十四元在昆明几乎没有什么东西可吃。因此，学生们唯一负担得起的就是萝卜和落花生。但女生吃得稍为讲究些，于是她们便成了卖那些好吃食物者的老主顾。在学校附近的几间茶馆里，吃落花

◇ （漫画三："七个女孩和一个男人"。谁是那个被如此多漂亮的姑娘围绕的幸运男子？——一个卖蛋糕的老男人！）

生被认为是一件非常愉快的事，我一试之下也觉确然。为什么茶馆总是挤满了学生，遍地总是散落着落花生壳，因为只要花上两分钱，你便可以在茶馆里坐上两三个钟头，何况还有足够的茶水供应。然而，学生们总是特别地受茶馆的欢迎，他们在茶馆里聊天或读书，因为这较本地一班游手好闲的主顾终日在那里游荡要好得多。

学生们的功课非常繁重，但很奇怪，他们倒不见得疲惫或不适。他们有时要读到半夜，然而第二天早晨却还是像往常一样早早起身。早晨对他们来说是非常宝贵的，没有人愿意用一秒钟的空闲去做无用功；有人喜欢在乡间跑步锻炼，然后作泰山般的长吼；有的却喜欢在寝室里朗诵，所以寝室时常像中国的老式私塾，耳畔惟有一片读书声。学校的教室分散在各个不同地方的：有的在城内，有的在城外。学生们经常须在一堂课后，跑上许多路才能赶上另一堂课，不过从不曾有人喊过冤，相反，他们喜欢这种不便利，因为如此往复赶课使他们有机会强壮腿部。

学生们愉快地过着这种吉普赛人般的生活快三年了。他们吃饭的时候，鲜有坐下的机会。其中有些学生甚至不得不自己洗衣煮饭，以将省下的钱用于购买文具和书籍。可能你想问，他们曾经抱怨过如此艰难的生活吗？将来他们会感到厌倦吗？答案应该是“是的”，“他们会厌倦”。为什么？因为大多数人都不会满足于这些本该是妇女来做的琐事，如煮饭洗衣等等。他们希望做的，不是赴前线杀敌作战，就是和越王勾践一样过卧薪尝胆的生活，直到将耻辱洗掉为止。

1940年7月31日

（刘雨杉　译）

选自《密勒氏评论报》一九四〇年八月十七日。英文版作者署名为lee chin-yang，又分别译刊于《战时中学生》一九四〇年第十二期（译者天佐）、成都《青年人》一九四一年第十一、十二期合刊（欧阳飞译）及节译刊于一九四〇年《同学们暨清心光清心中学校八十周纪念联合特刊》（译者王季桓）。本文据英文版重译

// 联大速写

李 鹏

清早，几个鸟儿正在飞着寻食。

滇缅公路上压满了人，磨肩擦背，熙熙攘攘的。挑菜的乡巴佬说：

“这是些什么人呢？莫非是在提早疏散客？”

然而，每天早晨却是有这样的一群，黑压压的大队，由于每个男女手中所拿的书看来，他们也渐渐的明白了：

“这是联大的学生。”

是的，这就是联大。晨曦中农校的钟声引来了这一群无家可归的儿女。

朋友们！你们也许认得好多“看白戏”“打佛堂”的联大同学吗？无容否认，他们是容易被你们认识的。他们惟恐你们不知道他，他们故意把联大的标志显彰出来，虽然他们当中有好些是假冒的。朋友们，我给你介绍一位联大的同学吧：认识了他，你就认识了整个的联大。他的名字叫作小燕。看！当太阳刚刚自东山上爬起来的时候，小燕也爬了起来：

“昨夜是甚么时候睡的呢？”小燕这样想，他伸了伸臂膀，疲乏叫夜神带走了。

“小燕！再睡一会儿不好吗？”是睡下铺朋友的声音。

“起来吧，别再做梦了！”

“做梦，真的我昨晚做了一个梦，你猜一猜是甚么梦？”

“还有甚么梦，左不……是了，珊珊又给你来信了吧？”

“哪有的事。我梦着我回家了，我原到了北国的故乡：那北风，那无边的草原……”

“回家？我的家乡……”小燕在默想。“回家”两字对小燕是有多大的热力呢？他想起了他的家乡，想起了那潺潺的流水，皑洁的白雪。在往年，现在已经十二月了，湖上又可以溜冰了？而且在敌人的铁蹄下，故乡还有他的老母，弱妹……两处相思，一般凄凉！美梦终成了泡影，流浪，流浪，在坎坷的途中小燕已经流浪了万里了，怎样让他不怀念他的故乡？

回家？——我一定要打回我的家乡！小燕握紧了拳头：“阿野！作的不是梦，我们是真的快要回家了！前天小王自晋南来的信不是说他们的队伍已经准备反攻了吗？起来罢！”

这些孩子们都起来了，龙翔街和公路上又充满了笑声。

小燕独自走进了课堂，课堂里已经有三位女同学先来了。小燕和她们点头笑了笑，脸上有丝丝的热：他没有带着镜子来，他不知道自己的脸是不是有点红呢。小燕还是一个年纪轻轻的孩子呀，内心中未尝没有另一种安慰的需要，然而他不敢在白天想那样的事，在星光下偶尔想一想倒是不怕红脸的。

两分钟还没有到，课堂中已经坐满了人，有的人正把椅子从别的课堂中搬来。小燕想：

“每天老是有这样许多旁听的人，以致坐得水泄不通，途为之塞。但是，这些旁听的人也挺可敬的，不是吗？他们清晨总不愿把时间白白过去。为了自己的权利，我不愿旁听的人占了好的座位；可是自己稍稍吃半点亏而成全了别人不是更应当吗？对的！”

他不觉的脱口而出了“对的”这两个字。这举动使坐在他旁边的老张觉得好笑。

“甚么对不对的，我问你们送征壮丁的事怎么样了？”

“还没有消息，大约不久……”小燕对这渴求着的希望有些怀疑了，他不敢下一个结论。小燕想：这希望也许不致像早晨的西山一样，四周团团围着白雾吧？

铃声还没有停，皮先生走上了讲台：

“……同学们，我们研究中日的外交史，无啻说研究一部日本如何逐步侵略我们的血史，在种种失败的当中求得我们今后的途境……”

同学们都在静听，心中充满了沸腾的热血。我们今后的途境！他们不是来避难，他们更不要享受，他们相信：有一天会人人都刮目相视这一群流亡的儿女。

下课了，小燕走到草场。草场上已经有好些人卧在熙和的阳光下。他们爱自然的母亲，爱阳光，爱新鲜的空气。物质的享受他们已经不习惯了，然而他们却爱这最宝贵的阳光与空气。他们要自然的母亲来营养他们，使他们的身体强似铁，硬似钢。他们知道工作，他们也知道休息；读书并没有忘了休息，休息也正在计划着工作。他们孕育着一种强有力的力量，把贪污的强盗打出门去，可是，现在他们不多说一句话，他们知道用手是强于用口的。

"燕，你姐姐来信了吗？她说些什么？"琪在问。

"她很好，工作挺有兴趣，同伴们也都各自努力，一团和气。她来信说她相信不久的将来西北会开起一朵文化的花来；而且这花朵将永远美丽灿烂，因为西北内地中我们有无限的物力与人力……。可是她说我们仍然可以念书，我们尽管去念书，社会上需要的是更高深更专门的人才。"

"是的，我们要工作就工作，要读书就读书。我们不能把时间花费到犹疑上去。"

一边走一边谈，两个人毫不犹疑的走进了新改的图书馆。

说到联大的图书馆，联大的图书馆是大食堂改的；往日你抢我拿的食堂如今变成了一个精神食粮的食堂，只可惜这一个食堂往日是吃白米饭的食堂时就感觉到狭小，现在更觉得狭而又小了。

馆内除了纸的掀动声外，别的声音是很稀有的，但当你细心的时候，你就会发觉一种震耳欲聋的声音了，那是一种矿师熟习的声音，每个都在那儿不停止的锤凿，他们要从有限的书中取出无限的知识。这一群矿工终是在那里辛勤的工作，不管白天，不管夜晚，也不管是落雨是刮风。如果有人说昆明还有工业的话，请你不要忘了这是一座应该提述的矿山。

这些工人好像不知疲乏似的，只有闭馆的铃声才能把他们送走。

铃摇了，小燕回到了食堂，一顿狼吞虎咽，一个个全走回寝室。这时太阳已经在西山头上，收回了她最后的一瞥。

今晚是陶希圣先生讲演，小燕走到讲堂看到人已经快坐满了，他有点后悔来晚了，其实离那讲演的时候还差一点半钟呢。小燕找到了一个还可以坐下的地方。可是他脸上却没有快乐的意思，有人听他叹道："我们这一群饥饿的孩子！"

归途中，小燕想起了陶先生说的："……在如今这个时代，为了抗战必胜，建国必成，我们只有受苦；要战胜了困苦才能建设成我们的国家……"他摇了摇头，又点了点头。

当夜神大队人马临到昆明时，这一角落的孩子又入梦了。

朋友！你认识他了吧？他就是联大本身。他有点烦，也有点惆怅；但是他是一个乐观者，他怀着无穷的希望。

选自《青年半月刊》一九三九年二月十五日第二十九期。本文又于一九三九年四月十七日以《联大》为题刊于《国风日报》第二版，署名"林一"。本文参照后者作了校订

// 西南联大通讯

伍廷法

维元存英老师：

自违绛帐，时切系念，生抵滇镇后，匆匆已过两月，因初抵此间，生活尚未安定；且办理入学事忙，致未能常修函敬候，抱歉殊深，望吾师有以原宥。

生本年度在香港参加统一考试，幸蒙录取，并分发入国立西南联合大学师范学院教育系，故于去月十五日先行迁入学校居住，以便办理入学手续。

十九日起办理注册及选课，联大办理此种入学手续殊不苟且马虎，程序达九项之多：一，首先报到，验像片，缴交成绩证明件；二，缴交相片八张，取注册表，姓名片，学号片，成绩片，籍贯片，年岁片填写；三，往出纳处缴交学杂各费，本年度学费，宿费，体育费，图书馆费不征收，只交科学实验按金费国币五元，及学生自治会费一角；四，领取入学证；

五，往校医室检验身体；六，到体育组受体格检验；七，往军训处报到入队，领宿位；八，以上七项完毕，将注册程序表缴交，领取选课表；九，选课定在卅、卅一两日办理。故此新生初到办理，大有无所措手足之势。幸得母校一九三七年级艺群社同学骆大辉君帮忙，稍感方便。至于开课日期，已于本月六日开始，现仅联大情形，略陈一二：

本年度联大人数大增（约二千七百人），原日校址不敷，故在城外自行建筑新校舍数十幢，以作生物实验室、一年级普通科教室、宿舍等用。虽然是泥砖平房，而在两旁树木中，夹有绿色上盖，奶黄墙垣之新黉宫甚整齐美观，内有图书室（甚宏大，可容四五百人自修），医院，学生宿舍，教室，食堂，漱洗室，生物学实验室等，闻建筑费达数十万元之巨，在非常时期中而有此设备，可见学校当局人，办事之认真也。校址除新校舍外，可分四处：一，总办公处，女生宿舍，一部份教室，在原日昆华中学工校；二，师范学院，男女生宿舍，教室，均在昆华中学北院；三，文，理，法，二年级以上学生宿舍，第二图书阅览室，一小部份教室，则在昆华中学南院；四，工学院则在拓东路迤西会馆。至于文理法三院一年级学生住在新校舍，因地方分散，距离颇远，上课时甚感不便，第一时在新校舍上英文课，也许第二时在工校上国文，第三时在北院上教育概论，而第四时也许会跑回新校舍上体育课，是以每次下课，只见满街穿着黄色制服之学生，在奔跑，无非是赶着上课，占一较好座位。因学生人多，课堂座位有限，若迟到一步，只有站立听讲或作笔记矣，每逢“走堂”时，颇觉吃力不少！

联大功课甚严谨，各学院大学一年级课程，大致相同，如英文，国文，中国通史，体育等科，一年级选课多系主任指导，大多是每学年卅八至四十学分。至于一年级课程在各院共同必修之科目中，是混合上课，中学生自行审定其适宜时间上课。本年度联大，一年级共开二十班，国文亦开有十六班之多。在此各科均甚重要，若成绩不及格，必须出校，而英文尤为注重，因二年级以上参考书多为原本，若英文程度稍差，在二年级以上阅读甚困难。

联大读书风气甚浓厚，不读书便不能及格及升级，绝对不能存侥幸作弊来帮补自己成绩，在考试时监考教授之严，改考试卷时之认真，若发觉有一点雷同，在该科成绩定加上一个零字矣。

联大读书情形是值得报告，成绩严，而且外省学生多，每一联大学生，皆不能不勤力，尤以外省为甚，晨早四五时起床，晚上非十二时不睡，日间一有空，便用以读书及自修，有不少学生而能将整部英文字典读熟，每字之用法，意义无不熟识，是以广东同学来此亦不能不勤力矣。晚上图书馆尚未启放之前，已有数百人正等待，挤拥情形，确是少见，争座位，夺参考书，往往因此发生争端，故来慢一步，真是额满见遗。在联大图书馆日夜生意甚兴隆，滔滔不绝，名符其实，晚上甚少见人在房内自修，无论如何是往图书馆来自修。至于联大图书阅览室共有五所，（师范学院有两所）而学生人多，书籍颇少，尤以参考书更形缺乏，因此图书是不能借出，只能在室内凭学生证取阅。

联合大学师范学院虽是去年才成立，但与其他各院不同，它是独立的，由教育部拨款成立，经费颇充足，设备方面比其他各院为好。师范学院目的是训练将来中等教育师资，故不能不认真，一切是集团行动，受着军事管理，每天晨早六时起床，六时卅分升旗早操，唱歌，八时起上课，十二时午膳，下午五时半晚膳，膳宿由学校供给，宿舍地方在全校中为最佳，六人一房间，地甚广敞，与母校时古巴、王广昌宿舍大致相同，设备则有过之无不及，膳食方面由学生轮值主理分任总务，会计，保管，购米，采买，监厨工作，秩序良好。所谓辛苦，生抵滇已有两月，学校生活亦度过三星期，简直不知何谓辛苦，反而感到有趣和有意义矣！

因在开课不久，生对于各教授尚未认识，故不能陈告。联大是由北大清华南开三校而成，教授方面是集三校之精华，多为学者及知名人士，待日后再作个别报告。

融社同学在联大约有十一人，待迟日将近况寄上，希登于校刊，耑此敬候

教安

生伍廷法上

十一月十日

选自《培正校刊》一九三九年十二月十五日第十一卷第四期，广州培正中学校（澳门）印行

// 西南联大生活拾零

阿　延

跨进了联大的门槛整整二个星期了，像一个在街头冷巷捡拾破布烂货的穷孩子，捡得许多零零碎碎的东西，脑子里陈设得像昆明文明街夜市的杂货摊，那真是所谓琳琅满目了。

吃饭难

伙食由十块涨到十四块（一个月），厨子嚷着不够，同学们叫苦连天。米涨到六十多块一公担，经许多委员会评定才减到五十五块，从六月起伙食还要加七块呢：在打仗以前，能够到学校去念念书的谁也不会太愁什么；打仗以来，大家认识了生活，要生活就得先吃饭，吃饭要钱，这个年头不黑黑良心，钱谈何容易？！经济来源断绝的战区同学，贷金又没有发下来，吃饭简直成了大问题。

读了半天书，肚子饿了，铃儿一响，甚至于只要菜一摆上桌子，大伙儿就赶进食堂，没有凳子，大伙儿得站着吃，抢饭抢菜一点儿不客气，客气肚子就得受委屈，不吃饭那来的劲念书？文明礼貌也得有饭吃才管得着。

饭嚼在嘴里硬硬的，煮得熟，够吃，就满人意了。有时饭煮少了还只吃到一碗呢；菜，两块小的豆腐干也算一盘菜了，盘数倒有五盘，可是拼起来装平平的两盘并不为多。说到汤，说得好听点就等于把白开水放点碎白菜，再加点盐就算是汤了，说得不好听些，别人家里的洗锅水，就再像也没有了。不过吃的时候你应当小心些，否则连沙都喝下去了。

小食堂合作社生意兴隆

穷的同学吃饭难，而小食堂合作社却仍然生意兴隆。家里有钱的，不愁经济来源断绝，谁高兴吃学校里牢什子的饭呢?！于是他们就成了小食堂、合作社的牛乳、面包、蛋炒饭、红烧蹄筋的好主顾，食堂老板笑口常开，而合作社也贴广告“新同学一律九折，以入学证为凭”鼓吹。

门墙之外

本年度一年级新生统计有八百左右，上课就成了问题。往往四堂课就分在四个课堂里，校舍两处在西门城脚外，两处在西门城脚里。一打下课铃，你得拔脚就跑，路可相当远，新来的没有受过训练，那时候气喘腿子酸，而短短的十分钟绝对不允许你停一步，好容易赶到那儿，早已偷偷一堂没有你的座位了。那时候你也只好济济的叹口气，列于门墙之外旁听一堂。教授口若悬河，滔滔不绝的传授着，说到滑稽处，哄堂大笑，你也只得糊糊涂涂的跟着笑一阵。最头痛的是国文，这二个星期来堂堂讲论语，这大家听了都皱眉头，几千年来的陈货，完全脱离了这时代的，读起来使人觉得像嚼甘蔗渣渣一样的乏味。

来迟了

“先生改组在那儿改？”一个学生问。

“改什么组？”

“我们来迟了，甲组的微积分已经上了八十多页了，甲组的先生讲得不大清楚，我们已经到乙组去旁听过了，乙组的先生讲得很好，而且只上了三十多面，我们想改到乙组去。”学生急速的理直气壮地说着，一个极朴实的面庞。

先生笑了，也许他觉得这孩子有点直率得可笑吧？“好吧！只要你能够得到乙组的那位先生的允许。”“那位先生允许就成了吗？”学生又问，带着些高兴的表情。

“唔！”一个狡滑的笑脸。

图书馆

没有自修室，图书馆成了大众看书写字的好地方。不到开放的时间，门口早已黑压压的挤满了人，管理员一到，大家打起精神挤进去，紧张的面孔，迫切的声音围绕着管理员，大家热望能立刻借到各人所需要的书。在这里，有能力买书的究竟不多，而有能力的呢，又以为请女朋友吃馆子看电影比这重要些。

出　让

这个年头，谁都会打算盘了，在饭堂门口和过路地方，你可以常看到“出让《逻辑学》一本，价格 ××，接洽处：××寝室”或是“摩登白色高跟皮鞋三双，新度 80%，价格八元，十二元，接洽处：第 × 寝室”之类的条子。此外出让衣服、纸张、墨水、笔，以及一切日常生活用品，无不尽有，出让者多半是战区经济来源断绝的同学，有的是什么都卖光了。

白天的探头探脑和傍晚的点名

每天有摩登少爷来找他们的摩登小姐，目前困难时期，经费来处不易，一切因陋就简，没有会客室，更没有传达，要找人就得自己找。女生宿舍的规则既不能进房门一步，则唯有在门外探头探脑一法了。顽皮的同学说："××。你的探头探脑的又来了！"傍晚时分你也可以常听见一些充满着热望的声音："××在吗？"幽默的同学说："又在点名了！"

这就是所谓大学生活

外面是活生生的一个大时代，这里是死沉沉的冬天。生活在这里，你会感到心头无限沉重的压抑。二千七百多个年青人，一盘散沙的聚集在一起，没有半点儿生气和组织，这就是所谓大学生活，这难道就是你所憧憬的生活吗？

选自《战时青年》一九三九年第二卷第四期

// 西南联大来鸿

杜汝楫

各级友：

今日接到民二十七级会寄来一份“通知书”（暂且称为通知书吧），知道我们的校友并不散慢，甚为可喜。现在我没有什么东西写给你们，不过是说些闲话而已。

自你们离开云南后昆明便遭过很多次的空袭，最近已将繁盛的地方毁半矣。破坏的情形待我说给你听：正义路繁盛的店铺多已炸毁，最显著的就是汇康百货公司全部烧掉，真是连渣都没有，其他如世界书局，亨达利钟表铺……等皆成瓦砾之场。福照街中段亦疮痍满目，那里的铺子多是新建的，当我们去巡视灾区时，从破瓦残垣中还看见“紫气东来”“上梁大吉”等字样，但那里不见紫气东来却是红气东来了，（因敌机放夷烧弹致烧掉的）这也许是神明不公平的报酬吧！其他地方受敌机炸毁的尚有大众影院，并且附近百余铺位，皆化成灰烬。

在昆明除轰炸之外尚有一件悲伤的意外事，那就是新建的大逸乐倒塌压毙的，大约有三四百之多，可谓空前遭劫。“大众”及“大逸乐”电影院本为“老滇”唯一的娱乐场所，而现今皆毁坏，无论使老滇娱的情感无从发泄，乃齐向一般人认为使文化人的娱乐场所的“南屏”“昆明”两影院拥去。结果这两间影院都变成老滇化了。因为变成滇化，所以我们只得退到家里来。有人说：“读书乐好。”如能试试看，看看古人之言有无错误！

我告诉你们一个消息，我们有一位级友，是一个飞天将军——卢伟英君，听说已经毕业了，并听说要调到伊黎去，当他接到这个消息时，那种欢欣的表情真是不可以形容的。听说他们之所以这样欢喜，原来是因为伊黎的少女甚为漂亮，尤其那里的番女，又美，又白，又嫩，又多情，又活泼，谁个青年不善钟情？……

可是最近接到卢伟英从成都寄来的信，知道他们仍不能开到伊黎去。还要在成都作“政治训练”，也许至二十二个月后始能开赴到现代的“桃花江”云。

末了，希望你们告给我一点消息。

祝你们

进步！

弟杜汝楫　四月二十九日

选自《级友通讯》一九四一年八月一日第一期（创刊号），国立中山大学高中民二七级同学会编

// 西南联大内容一瞥

朱益宏

处在西南边省上的大学，离我们的家乡有数千里的距离，其内容概况，的确很不容易被大家所明瞭，同乡在这里的又不很多，加以目前交通困难，消息不易传达。正有了这几个客观事实的存在，对于联大的情形究竟是怎样了这问题，很难得到一个具体的答案。刚从中学毕业的同学们，对于问题急迫的有解答的必要，作者为了这原因，很愿意在这里给大家一个简短的解答。

联大是由原在北平的三个大学联合而成的，那就是清华、北京和南开三个。自七七事变起后，这三个大学曾一度迁到长沙，名为国立临时大学。后来又辗转迁来昆明，而今已是五年多了。

联大在名义上没有校长，只有由原来三校长所组成的常委会。目前梅常委是驻校，蒋常委驻昆明，张常委驻渝，分别处理学校对内对外的事情。平常我们很少有机会见到三个常委在一起，就是连已毕了业的同学，也很多还没有见过张常委的呢！

我们这里一共有五个学院，此外还附设有先修班和中小学等。所谓五个学院是理、工、文、法商及师范。工学院中又分航空、机械、土木、化工及电机五系。理院有物理系、化学系、数学系、地质四系。文院有中文、外文、社会、哲学心理四系。法商有经济、政治、法律及商学四系。师范的情形，则不甚详细。同学一共二千余人，几乎包含了全国各省份。

学校附近的环境不甚好，物质设备亦差，我们的校本部设在昆明的大西门外，前后均有公路铁路所包围。在这里大小一共六七十座房子，分为寝室、教室、办公处及图书馆、膳厅等。一个寝室内住四十个同学，房子很矮小，上面多是用茅草盖的，里内的空气是不很流通的，同学中到外面租房子住的亦不多。

我们有一个很大的图书馆，可容千余人，从早上的七点一直到晚上十点都开着，中间只有二次一小时的关闭。里内藏的书量不很多，而质却很好：大多数为目前买不到的各科参考书，普普通通市面上到处都可以看到的书籍则比较少，但凡是学校所要的却都找得到，而且每一种书的本数也很多。图书馆经常坐满了人，尤其到了考试的时候，争座位的风气更盛。平常晚上是六点钟开，有的同学在五点钟前塞住了不很大的一个门前，当开放时，挤拥的情形是很可怕的。他们一方面为的要占一个好灯光的座位，同时还必须借到一本书，否则明天的考试是不容易应付的。书借出来的时间，以每次闭门前又必须交还；若是过了时则不但要罚钱而且还要被警告一次，过了三次又加记一个小过。这一来，问题就多了，首先是下月的贷金被扣，其余不说：所以这是人人都得小心的一件事。

同学们的伙食是自己只管理收费的一部分，其余采买盐、肉、米、菜均由厨工办理，因为大家不熟悉地方情形，由自己去买菜不见得就比由厨工去买来的好。我们因人数太多，往往反而办得不好，因之分做十余个膳团，各膳团的伙食费以及开膳时间等都不很一样。有的吃二餐，有的却吃三餐，（目前我们的伙食是由每月二百四至三百的样子）随各人的意思去选择一个膳团，这样的制度，也不能说没有他的好处。大学里往往便是这样，没有明显的起床时间，没有一定的吃饭时间，也没有规定的睡眠时间，什么由各人自主，总是要不妨碍他人以及不犯校规便是了。

同学大多数有贷金，只要目前那一个省有一部为敌人占领，那一省的同学就很可能领的甲种贷金。同乡中大多数都是甲贷，一来因为我们家乡距这里有那么远，二则我们家乡所富者比起大都市的富人还差得远，所以我们的得到甲贷也不是过分。甲贷数目是没有一定的，随着物价高低而增减。去年十二月份是二百三十五，今年的还没发，大概比实际上的伙食费，差在二三十元之间便是。

大家的生活，严肃与整齐是谈不上，没有一定的制服，也没有全校性的集会。反正我们没有礼堂，就是要请外人来演讲，也只得在露天下举行。前次英国访华团来是如此，最近牛津大学的教授来也是如此。有一次英大使来我们学校演说，刚好那天的太阳很好，晒得他老人家头皮都痛，以是不能不把他的帽子戴起来，同时还说了一声“对不起”呢！学校里演讲会经常地开着，有时是请名人来演说，大多数则为本校教授们的专题学术演讲为多。我们学校附近有二个教室，在那里的演讲会上大多数坐着我们的同学。

最后还想将联大的可以特夸耀的地方来说一说。联大之所以一般的被人赞誉，虽经过了几次的搬迁，然犹执全国学术界的牛耳。前次教部招考留英公费生录取十名中有八位是联大毕业的，这理由全是我们的教授好的缘故，真的，我们学校里教授无论就质量方面说，都是今日各大学中所少见者，尤其旧日北大教授之有名，更为不可否认的事实，如梁启超、王国维、胡适先生等，皆曾执教北大的。现任教授大多数由英美留学返国者，他们在外国研究的时候，都曾有一番荣誉。如有一位教授在哈佛研究的时候，他成绩之高至今还没有后来者可以打破他的纪录，闻再过几年依照那间学校的章程，他还可以得到一份奖金呢！他如数学系的姜立夫先生、江泽涵先生、华罗庚先生等几乎没有人不知他的名望，文学院的教授则更多得不可胜数，大家所熟悉在文坛上有名的冯友兰先生、朱自清先生、闻一多先生都在我们这里。

关于联大的一切，说了这么多，然而我想这不能形容于万一，因作者非习文科，不能把联大更好的地方告诉大家，使大家对联大有一个更深刻的明瞭，这是作者本人感到很惭愧的地方。不过诸同学中如真的有意来联大的话，则他们对作者以上所述不会发见丝毫夸大之处，则可保证的。

三十二年四月 寄于昆明。

选自《兴宁县立第一中学校刊》一九四三年第二十二期

// 紧张，抢——生活在西南联大

梁 金

我们好似微小的铁屑，联大好似一块大磁铁，把周围许多铁屑都吸在她身上。她是由清华、北大、南开等三大学合并成的，所以她不但保有这三大学传统下来的精华，和原有的优良种子，而且更加以发扬光大。

联大的范围很广，校舍分布在城内和城外。工学院在城内拓东路，文法商理学院在大西门外，师范学院在文法商理学院隔壁的昆中工校里。本文所写的仅仅是片断的叙述，烘出其一鳞半爪而已。

在学校布告栏上，时时可以看见张贴了许多广告式红红绿绿的纸，上面写着 ×× 学会主办 ×× 演讲，主讲人 ××× 教授，演讲题目，地点和日期等字样。演讲门类之多，简直使你听不了忙不过来，虽然有时隔了一星期或两星期一次，但是有的时候天天都有，甚至一天连着二次三次，或者都是在同一个时间举行。什么政治学会主办的政治问题若干讲，青年团主办的战后问题若干讲，社会学会主办的，化学学会主办的，物理学会主办的，国文学会主办的……写不胜写，我也记不太清楚，就是在联大读到毕业的同学，也不一定说得完全。

学术演讲，可以增进我们学识不少，教授讲得也非常动听，所以听的人也非常踊跃，不但不容易坐到好的位子，就是教室里的位子也不容易坐到，教室的位子坐满了，只好站在教室的每个角落，有时教室里也站不下去，结果站在教室门口，窗子下的空地，个子矮些的，只好听收音机似的不见其人，而听其声。

演讲的时间还差一二小时，坐位便老早被人占满了，演讲的时间，多数为两小时，讲完了，教授特别准许我们发问，一问一答，有时问得巧而答得妙，兴奋极了。

此外，更有座谈会，如青年恋爱问题座谈会、太平洋战争座谈会等，也很能吸引大家去参加的，评辩教授也有几位，只要有一位胆大的同学发出第一声炮，后面发表意见的同学便会踊跃的跟上来，各人有各人的高见，诙谐迭生，令人笑痛肚皮。最后教授所下的结论，虽然不能说经天義一定对的，但是他们也综合了我们许多理由再参杂他们的见解，当然这结论是相当可贵的呵！

我们有着三校的教授，大家研究学术自由的风气又特别浓厚，假如自己有心研究的话，在大学四年内不会没有收获的。我们把握住在联大特有的优点（一般人都承认联大教授多且有名），所以，我相信这些演讲和座谈会讨论会，一定比别的学校多是不成问题的。

许多朋友写信来问我联大的生活还好吗，我总喜欢以“紧张”两个字来形容我们的生活。虽然我们的生活好像公式一般，老是上课、吃饭、自修，从教室里出来，向图书馆里进去，但是呆板的公式中也紧张得要命，倘使你认不清这紧张的话，便很可能被刷出去的。

早上，不管天冷到刺骨也吧，或者昨晚给臭虫包围袭击得没有睡够也吧，总得六点钟起身的。功课是毫不客气的一天比一天多，要不是今日事今日毕的话，那么每天积下来的账目，将来每月结算时便无法结算了。

上课铃响了，一群抱着书本和讲义夹的同学都向教室里跑。有时上课铃尚未响前，教室里也放满了占位子的书、笔记之类，每个人都想占得好位子，所以抢位子的技术也得训练。课本是不容易买到的，何况现在大家都是穷光蛋，就是有课本的话，笔记还是少不了的，你没占到好位子，听讲的时候当然吃亏些，笔记记不好，将来考试又危险，考试万一失败了，贷金又成问题，也许还要你滚出去。啊！抢位子上课太普遍了，那里用得着客气的，男同学让位给女同学是绝对少数的，除非别有企图。

选自《西南风周刊》一九四三年七月四日第二十三期，该刊后面亦有一期或两期继续连载本文，惜未见其他期，殊憾

// 联大学生生活的透视

近

“由北大、清华、南开三校合并的西南联大，最近已参加了几十个单位学校的成分。”这是联大校委蒋梦麟先生在行升旗礼时说的话。

每一个学校有每一个学校的特点，也各有不同的生活习惯，所以在联大里可以看到各式各样的学生生活状况。

在下课的时候，清华和南开的 Bridge 最为风行，广东香港流行的“拍拖”，当然也是少不了的。这里有海派学生的“活泼”，也有内地学生的“沉默”，有烫发摩登的密司，也有村妇式的“老太婆”，有一天到晚和书本拼命的“老夫子”，也有拉拉唱唱的乐天派。晚饭后鹄立在图书馆门口等开门的大都是埋头苦干的朋友，陪女同学到这里来坐坐的，也有很少的少数。课外活动有的是同乡会和各式各样的学会社团，每一个社团都拥有不少的同学。在集会的时候“茶点丰富”必须要大书特书的贴在揭示处，不然到会的人数便会寥若晨星；有女同学参加的集会便格外的有生气，否则发言的人就会感到不起劲。在有名人演讲的时候，不需要有丰富的茶点，便会一窝蜂似的拥将来。茅盾四点钟演讲，一点半议堂里就宣告客满，使来者不单是无立足的余地，找个缝儿看看都不可能，这也可以象征联大同学求知欲的浓厚。

联大学生究竟是穷的多？或者富的多？这里是无法统计。吃的方面普通的是同学自办的伙食，每月六元六角，两饭一粥。钱多的同学花样就多了，“私人包伙”，“教授厨房包饭”，“门口小店零吃”，不高兴还可以到“友谊”去来一杯咖啡，两块牛排，临睡觉还可以到门口去喝杯牛奶。蛋糕每块需国币五分，然而不消到晚，店里即会宣告“无货”，谁还能说联大的学生穷？

另一方面，家在战区的穷同学，经济来源断绝亲朋无可告之门，不得已在缴费同学吃过饭以后到膳堂去吃一点残汤剩饭，来维持生活。天热是破制服一袭，天冷还是破制服一袭，鞋子前后张嘴，袜子左右开花，冷得受不了操场上打一回球。“苦”不能消磨人的意志，相反的这一类的同学正放开了大步向固定的目标迈进。

联大的学生宿舍是借工校、师范、昆中的教室，二三十人一间的“统舱”，上下两层的楼铺，桌椅一概不备，要看书，就得上图书馆或是上饭堂。教室在农校，距宿舍有一公里之遥，尤其是住在昆中南院的同学，上课须要城里跑到城外，大西门外那一条高低不平的道路在天雨的时候，又滑又烂，有倾跌之虞，其难走真“难如上青天”，于是一般同学为之定名“阎王路”。

女同学比较是优待一点，宿舍，就在农校的东楼，距教室仅“数步”，可省去“跑”，但农校是无电灯装置的，夜间女同学的房间里只“一灯如豆”，“似明似灭”，和从前清华园里的“水汀宿舍”大有不可同日而语之慨矣!

早晨的升旗是轮班的，各寝室挨次代表参加，教官每天是照例的“登门奉请”，不然操场上就冷静不堪了。

联大同学的生活就是这样的生活，也紧张，也松懈，也热闹，也冷静，各种不同方式的生活的集体，就是整个联大学生的生活状况。

选自《新时代》一九三九年第一卷第六期

// 在西南联大

金　星

太阳一照上大西门的城楼，那通城的一条崎岖小街上已经布满了白菜萝卜的菜担子与往来负货的马队了，夹杂在菜贩与马队之间的就是穿黄制服、黑布棉大衣的学生，有的拿着面盆站在茶店门前等水，有的已经夹着书向着学校的方向走了，但大多数的同学，正围着横街上的馒头摊：

“再要一碗豆浆”！

“豆沙包子，快一点！”

为了要赶上第一堂课或者在图书馆里占好座位，许多等急了的朋友就乱嚷，于是这嘈杂的声音同菜贩子与买主论斤较价的声音混杂成了一片。

快到八点的时候，小摊上就清静了，吃饱的同学，就抹抹嘴向学校所在的方向漫进了。

在清晨的阳光下，农校的灰色建筑，有着特别的一种庄严神态，屋顶上还有伪装的遗迹，枯黄了的松树枝散在瓦上，那翘起的几枝，还在晨风中颤动。校警守着的门上，又多了几张布告，什么“两广同乡会”、“法律系系会”、“中国文学系专题讲演”，……走过的人，都得站住一下，看一看布告。到中楼，门前的旧布告上又准是张贴了新的赛球布告，也许因为怕纸的颜色还不够引人注意，还画上了滑稽的人头。

钟声使上课的同学分别地走入了中楼、东楼、西楼，使要到图书馆去的同学，进入了图书馆，中楼前的草坪上没有人，就是过道上，也很少有走动的人，只有东楼门前送衣服来的洗衣妇，蹲在石阶上，一壁数着小姐们交给她们的衣服，一壁和同伴闲谈。

两点钟过去，中楼前的草坪上慢慢地有人在晒太阳了，有的躺在干了的枯草上，有的靠着树，有的就坐在半湿半干的枯草上，闲空的就聊聊天，有时还可买五分钱的花生米嚼嚼，助助谈锋，用功的同学，不是拿着普通英文的讲义，就是捧着法文文法读，小姐们除了书本外，还拿出五颜六色的绒线来织。操场上有着一大队人在作体操，马约翰先生清悉的口令“一二”、“一二”地吹送过来。足球场上也有着五六个农妇在理稻草，她们把稻草理成了一束，就在石块上打，有时一些云南的民谣就轻轻地从她们口里唱出，这唱声同中楼前草坪上坐着织绒线的小姐们所唱的洋歌儿，合在一起。而中楼里的教授，好像故意要提高嗓子似的，用劲地在讲述：“Logaltg”。

这时的图书馆，已没有一张空桌子了，本来一个至多只能容三百人的图书馆，是不能容许每个人都有座位的，在满了人的四周看一看，有没有一个空座位，要是有，就坐下去，不必管桌上的书的主人，但橡皮钉子是常易碰到的，当你一坐下去，旁边的看座者，就会很不客气地说：“这里有人的，一会儿就来”！但是天知道他什么时候会到这占好了的座位来，所以在这时去图书馆的，都会失望地退了出来。

同样的，校医室门前也挤满了人。据说昆明现时是病的季节，所以害感冒的人特别多，内科大夫忙得只望自己多一双手，多一副耳朵，可以多听几个病人，而外科大夫也忙得放下纱布，就拿剪子。

上完半天课，该是吃饭的时候了，包在大西门小饭铺的同学，就到大西门去。于是大西门的横街上又热闹到极点了，没走到街口，就可听到伙计们的呼应声，而街角上的水果担子，又该为一班穿黑棉布大衣的同学所围着了。在学校包的，就回到各人的宿舍去。联大的宿舍是分散的，于是各人向自己的宿舍走。女同学在校内，但是一个只能放十张小桌子的小饭厅，怎能容纳二百多个同学，只好分作两次吃，第一批还没有吃完，第二批已经捧着碗在等了，有时要等到一点半才有饭吃，而下午第一堂课是一点开始，所以常可听到小姐们为吃饭问题而发的怨言。

饭后，中楼前的草坪更为大家所喜爱了。歌声笑声不绝地从四处传来，而中楼进门处的阅报处，也变得非常拥挤。草坪上除了静卧着的、唱歌的、闲谈的而外，更有一批讨论时事的朋友，有时为了相反的意见，竟会争论起来。

信差好像特意选定这时间来送信的。当绿衣人一进校门，许多同学都跟了上去，他怕被围走不出，把几百封信向桌上一掷，回身走了。于是同学挤着挤着，一个人手里拿着一大叠信，一封封信地翻阅，接着就有许多声音在喊：

“××：有我的没有？”

“有 ××× 的没有？”

女生宿舍的工友钻入人丛中，赶忙抢着几封上面写“女士”“小姐”的信，在“走，走”的驱逐下，他只好拿了抢到的几封就走。

上课钟总算是解散这拥挤着的人群的唯一有效的工具，虽然要上课的人走了，但没有课的，又会走向堆信的桌边，又重新把信翻一遍。

下午虽然也有课，图书馆也照常开，但在操场上活动的人增多了。有的固然是上体操，但有许多是自动的打篮球、踢足球。联大的老学生是相当喜欢运动的，所以在篮球场上，常可看到赛球，有时南开对清华，有时北大对清华，有时什么会对什么会，非常热闹。

昆明的傍晚有相当的冷，同学们各自回到各自的宿舍去了，学校里变得非常清净。那时的广场，为美丽的夜色所笼罩，有点昏暗。但在昏暗中，西山的曲线随着暮霭在暗青色的天边舒展。虽然晚风有点刺骨，要是在小径上漫步，就会使漫步者忆起了北平，北平初春的夜晚！

女同学虽然多数住的小屋子，一屋有两盏油灯。男同学住校的都是数十人一屋的大房间，在如豆的灯光下是没法读书的，于是那有着十张汽油灯的图书馆变为众人要争取的圣地了。不到七点钟，图书馆的小门前，已挤满了人。等七点一到，开门的工友好容易挤进去开了门。门一开，就像水开了闸，人群就如八月之潮似地向图书馆里直冲，开门者也只好随波逐浪地被推入图书馆，在这样拥挤之下，还有点许多人是向隅的。

在宿舍里的，就像是入了船舱，有的坐在小桌看书，有的就在床头点起蜡烛，坐在被窝里看书。说宿舍是船舱，一点也没过分，因为都是双叠床，灯光又那么暗，所以当第一天睡在叠床上，半晚醒来，听到窗外呼呼的风声，真会怀疑自己是在海船上的。

每晚十一时以后，全宿舍都安静了。宿舍更像一只夜泊的轮船，每一所房舱里的人都沉入了他们自己的甜梦，等待第二天清晨刺眼的阳光来唤醒他们。

选自《青年月刊》一九三九年第七卷第二期

// 联大生活屑

王育清

昆明有小北平之称，联大系旧北大清华南开，教授亦多旧籍，故到处具有北国风味。

浙江学生之在联大者，多称为外江佬。外江佬来自战区，挟资者固有，而多数是穷。

昆明物价奇昂，外江佬来自一年以上者，多无袜赤脚。联大学生大都满面髭髪，盖校外剃一头须六角，校内亦三四角也。

联大学生膳食，系学生自组膳食委员会，每人出费十五元。米是糙班米，每人可食五六碗。菜碗如上海饭碗大，且底部突出，几片菜叶，或豆芽，余俱是汤。第一碗饭，每人几筷菜即光，以后即须白吃。某学生云，白吃亦很甜，可惜来不及细嚼。

早晨一粥，等于吃粥汤，每人可灌上四五碗。未上课已饿。一学生常挺胸曰：我辈肚皮固空，呼吸却十分畅。

去年战区清寒学生贷金，为每人十元，而须自贴膳费五元。学生会请求校方管理膳食。最近陈教长抵滇后，增加贷金为十四元，虽尚须贴去一元，而另发零用费三元，可以挹注。且每年有书籍费二十元，学生皆大欢喜。

领贷金生，曾发现以之吃牛奶者。更有一生，在校领贷金，暑期却乘飞机返上海。当局近已彻底调查清楚，真正清寒学生，均重行登记，此弊已无。

蒋兼院长拨十万救济金后，清寒学生家属，俱蒙其赐。有自愿课外工作，以接济家属者，训育主任查良钊，以工作妨碍学业，特别发给家属救济，于是学生均可安心读书矣。

联大图书馆，可容三百人。而每日阅书者，逾五百。早晨馆门未开，学生即在门外等候，以抢位置。馆门一启，即蜂涌而入，有拉破长衫者，有跌倒在地者，有竟将职员柜台推翻者，联大学生常以此自豪，谓我辈读书须争先，绝不可后人，方显得精神。

联大学生，每日有五抢：早起抢面水，抢图书馆位置，三餐抢粥饭，因之学生多自命为"强盗"。有一生每天辄大哼其木兰从军："太阳一起抢到夜，快把功夫练好他，强盗贼来都不怕……"其意盖谓强盗不怕强盗也。

学生最怕之事，为文具缺乏。做实验报告之十六开报纸一张价已涨至一分半，每天至少用六张，即须一角。其他一破橡皮一铅笔头，俱系至宝。许多学生，俱谓皮鞋八十元一双，于我等不生影响，墨水八角一瓶，实在吃不消。

昆明最近大雪奇寒，惟耸肩微笑。联大学生口号，每作豪语，谓我辈前途甚光明，目下虽苦亦乐也。

选自《学生生活》一九四〇年第一期

// 西南学生苦读写真

悠　悠

古人多苦学以成名，所谓寒窗三韭，囊萤挂角，然仅一二人如是，未必人人皆如是也，抗战以后，各大学多移入后方，中原与东南子弟，跋涉数千里而至西南，集体苦学，不顾疲乏与饥饿，孜孜于攻读，欲求得当以报国家。饔飧不继，弦歌未尝中辍。大学如此，百十中学，亦莫不然。种种情况，可以廉顽立儒，虽即琐碎细事，要皆可歌可泣，倘或读者所愿闻乎？

贷金自费　两种学生

就读于西南之学生，不论为大学为中学，而就其经济情况分别之，可作两种，一为贷费生，一为自费生，贷金出自国家，与曩曰公费，大略相同，其不同者，在理论上，贷金宜有归还之日耳。贷金亦有几等，有全部贷金者，有仅贷学费者，兼及贷书籍费，贷杂用费，贷伙食费，下至贷制服费，则一切全贷矣。贷费生之家庭，泰半沦陷敌军，其甚者或庐舍全为兽军所毁，家人全为兽军所噬，故仇恨心埋，炽旺无比，一切苦难，不足扰其求知复仇之心也。自费生名为自费，而其生活上之苦朴，亦与贷费生相等，因此时生活程度之高，中人家庭，即难供子弟膏火之费，勉力筹措，艰窘可知，欲求稍稍华奢，又安可得？

书价太昂　大买旧书

学子之第一需要为书本，而今日各大中学生，于上课之时，固未必人人捧得一本书也。教科书由上海运来者，运费奇昂，用桃林或新闻纸印行者，先照定价加五成，再加八成。然后更加二成五。倘以定价一元之书计之，遂成为三元三角七分五。试问有几人能以此重价，买书而读？后方乃开始以土纸印书，印刷模糊，纸多破缺，此姑不论，讵知印工过昂，一册之费，与由海上运来者，相差亦至有限。故各学校中，卖旧书之风气乃大盛，学生升入二年级，遂尽举其旧有售与一年级新生，取价甚低，亦不伤廉，一方面得获贱价之书，一方面则可得补鞋袜之费，交易而退，各得其所。旧书而外，则恃学生自作笔记，此较两人共捧一本书，惬意多多。学校因蜡纸油墨以及普通纸张，都甚昂贵，颇少散发油印讲义，或谓今日之教师偷懒，非确评也。

胃囊扩张　红苕煮粥

苦读之学生，其苦处初不在书本，而实在饭食。以十五岁至二十五岁之青年，对于饮食上需要特强，今乃○以限制，其苦盖已可知，最初之问题，不在饭而在菜，日日素食，饭量转旺，造成一反常现象。重庆市卫生局长梅贻琳，曾与记者语及此事，渠谓，学生以素食之故，胃受刺激，因而多进米饭，迨饭吃过多，胃囊扩张，便成一种病患终身不能祛除，饭多菜少，又鲜进肉，营养不足，面黄肌瘦，乃成一种普遍情况。梅氏之言，闻者痛心，教育部有鉴于此，因增加学生伙食贷金，以前一人每月十五元，今则增为廿五元；即自费学生，伙食费担负至十八元以上时，教育部亦一律予以津贴，顾全寒士，至矣尽矣。无如水涨船高，教育部方加伙食之费，而米价忽又暴涨，一石售至百廿元左右，学生所感受之恐慌，遂不在菜而在饭矣。每当聚食之顷，人持一碗，伫候饭桶光降，捷足先得，身长力大者占上风，矮小者未尝不能得饭，然欲再进一瓯，尤乎其难。多数学校，为节米起见，乃改一粥两饭，为两粥一饭，如此仍感难支，则为红苕与粥共煮，红苕者，江南之山芋也。此物西南出产甚富，亦尚富于滋养，价贱于米，而为学生所喜食，更无闲言。独以食粥易于消化，学生竟不敢入运动场，恐片刻即复啼饥也。

宁愿废肉　还募寒衣

学生读书之苦如此，饮食之苦又如此之甚，在一般意想中，必谓学生皆垂头丧气，如斗败之鸡矣。实则大大不然，其昂藏慷慨，固不下于平日也。譬如南开中学女生，忽于某日之晨，当同学煮粥时，大卖“寒衣饼”。寒衣饼者，即葱油饼，制法初不新奇，而生涯鼎盛，得百余金，立举以献国家，慰劳壮士。女生何来买面之资？则实出于节食之费。以女生饭量，通常次于男生，而伙食担负，则与男生相等。既得盈余，亦不肯加菜，盖视加菜为示弱于男生，为示不能吃苦也。转而以此钱制饼，义卖所得，还诸国家，此其心志，宁不足嘉许耶？现时各学校中，纷纷摹仿举行，于是“寒衣面”，“慰劳饼”，“草鞋饼”，相率出现。不特女生如此，男生亦相率为之。男生不但节食，则免其“打牙祭”以费节饭。“打牙祭”为川语，意谓祭牙，农工月末食肉，而肉又不甚多，故作此喻。今日各校中伙食虽劣，而打牙祭仍偶或有之。学生宁废此一肴之供，决不忘抗战之前线，真足令人兴奋。

破衣草鞋　已成风气

抗战初起，学生相率而入西南，初来之时，衣履亦尚稍稍齐备，其后教育部发制服贷金，人人可得大布之军服一袭。

今已为时三年余，谁复有资为添衣之费。拱手腕露，举步踵现，自表面观之，亦尚整洁，详以察之，无一人之衣袜未经补缀者。皮鞋售三四十元一双，着皮鞋之学生，几为鲁殿灵光，百中难获其一，普通多穿布鞋，穿草鞋者亦不在少数。川湘交界之国立第八中学，几于人人穿草鞋。穿草鞋既成为习惯，彼此亦莫能嘲讪。惟以时至冬季，草鞋过于不能护足，冻疮之病，亦几于无人无之，晚间学校用水，倍于昔时，盖人人均须濯足，否则不能上床也。

大发明家　互相剃头

多数学生，当日在家中做少爷时，何尝吃过此种苦楚？今既养成吃苦习惯，一旦不吃苦，反觉异常矣。以学生头脑之敏锐，更想出种种的玩意，将苦楚换为趣味，譬如洗袜，彼此竞赛，先干者胜，于是洗衣房骤减一笔收入。又如艺术学校之学生，自伐柳枝，燃为木炭，而文具店失却一群主顾，理发之费，动须一元，则集资买剃头刀，彼此互剃，“请看剃头者，人亦剃其头”，虽参差不齐，究胜于披卷盈肩也，凡此细事，花样翻新者，多至不可胜述，此仅略举数端，以证“天之将降大任于斯人”耳。

（十一月二十九日。）

选自《时事半月刊》一九四〇年第四卷第三期

// 抗战的大后方福地——昆明

高山君

假如说“后方”这二个字是包含着多少黑暗面而带着一点讽讥的意味的，那么昆明——云南，可以说是“后方”的典型———个典型的后方。有人说后方的毛病是一般相仿的，然而昆明的“后方病”却是最典型的，并且是特殊的。记者在《昆明——后方冒险家的乐园》里所暴露的黑暗面，便是最典型而特殊的。其实，昆明还不只是后方冒险家的“乐园”而已，它还是一个后方的“福地”；因为云南的天时、地利、人和等条件，都是集天下的大成的。

由于地理位置的关系，昆明成为一个最安全的后方大城市，这是它成为“后方的后方”的决定条件。云南的山多而高，是天然的国防工事，云南的景物秀丽，更是吸引人的地方。所以云南已经先得地利，而云南的天时更是有利于我而不利于敌，云南的地势全部都在拔海五千二百尺（比起庐山的最高峰还要高上几百尺）以上的高原地带。各个区域的气候即同一时间内的差度和变化也是很大的。云南的天气，每年七八九月是雨季，在雨季里，一切海陆空交通连带耕种蓄殖都要发生障碍。雨季过后的干季，则多风和雾，比较高的山峰都埋在雾里，有几次敌机已经来到昆明的外围也不能不因为天气过于恶劣而临时退回去，而在外围天气明朗的时候，昆明的天气却并不一定很明朗，这是天然的“防空天气”。而虽然天气变化很快，昆明的天气却是终年温暖如春，没有夏天也没有冬天的。昆明的天气真是太好了，更是使人留恋的地方。“得天独厚”，这才使昆明成为一个典型的后方。

既得天时，又得地利，“人和”自然也来了。昆明在交通上成为一个纽枢，经济上成为内外贸易的集散地，朝野要人，巨商大贾，和许多还不能出洋的高等义民，还有大学教授，学者，专家和大雪山的“国宝”们。照优生学专家潘光旦教授“优秀分子出于上层社会”的定律，这些“优秀分子”现在全都集中在昆明，这是所谓“人杰地灵”了。

昆明就因为这样地集天时地利人和的大成而暴发地繁荣起来，成为一个战争的“暴发户”。

“福地”里的景象是尽够复杂的，这其中，奇观怪事，笑话，悲喜剧，五花八门，千奇百怪，应有尽有，层出不穷，记者十一月底离开昆明，那时候昆明市上的新鲜而有趣的新闻就很不少。

昆明市民对于娱乐的追求是很狂热的，几家戏院子无不生涯鼎盛，大赚其钱。不管是不是礼拜天，也不管戏子或者班子的好坏如何，一律是座无空设。买票时挤得水泄不通，甚至头破血流，都是很普通的事，已经没有人觉得奇怪。只有一次，经过买票时的一场争夺战之后，片子在黑暗中上映了。忽然有一人——“好事者”，或者叫做“捣乱分子”也可以——在场里放起催泪性的瓦斯来，于是戏院子里秩序大乱，观众们舍命狂奔，人潮汹涌，你践我踏，呼娘叫爷，喊声震天，跑出来个个都是眼红泪湿的。过后，警察全部出动，大加搜索，结果一无所获。第二天，各报馆接到一自称“血魂侠”者的投函，承认那恶作剧是他干的，还说了一大篇义正词严的“忧时伤心”的话，旁观者自然要拍手称快，可是那晚上尝过催泪瓦斯的滋味的观客们，都真的要哭笑不得！

可是，虽然尽管这样，但另一方面，又一种的“奇观”却在同时出现。昆明的后方冒险家们太狠心了，十月十一月间，在他们的魔术的玩弄之下，昆明的米价在短短的一个星期里，由二十多元暴涨到七十元的最高峰。那真是骇人听闻的事。米价一暴涨，什么都跟着暴涨了。在这样空前高涨的生活程度之下，一般的国民生计自然都普遍地受到深刻的影响。而在昆明，最受社会上各方面注目的都是学生界，尤其是几个大学里的“国宝”们，实在也因为他们的饥荒愈闹愈严重的缘故。

这些大学生们，大部分来自沦陷区和战区，家庭经济来源已经断绝，平时只靠教育部每月拾元的贷金，和学生救济会每月七元的救济金维持生活。所以，在平时他们的生活已经是够清苦的。在今年的暑假里，就因为教育部的贷金和学生救济会的救济金的暂停发放而发生了三个穷大学生断炊两日的“惨事”。每月领来的贷金和救济金还不够交伙食费，吃饭对于他们只是求其一饱，已经谈不上营养。最穷的每天只不过几块麦粑粑、大饼、油条和豆板酱而已；米价愈涨愈高，市面上的米不知到那里去了。学校里的食米有了早餐没有晚餐，每天就要这里一升那里半升地东拼西凑，才弄得顿把饭吃。开饭时间到了，米还没有凑得够，结果常是：午饭弄到午后一两点钟，晚饭弄到晚上七八点钟，才算勉强开成，有几次有几位女生因为等不到饭吃，而又没有钱外面去吃，“悲愤”之余，只好跑回房间去关起门来抱头痛哭一番！以后，“惨事”就更多了。就从米价三十多元暴涨到七十元的最高峰的那几天起，几个大学里都变成了五光十色的拍卖场。跑进学校里一看，布告牌上，教室和宿舍门口，各个角落和墙壁上，全都贴满了这种红红绿绿的拍卖布告：

“廉价出让 ×× 一套，新度：百分之 ××，定价：×× 元，接洽处：第 × 宿舍 ×× 号房间（或第 × 教室）时间：上午 × 时，下午 × 时。”

大学生走到最后一着了，只有卖了身家财产来交伙食费。在最初，交易的范围还只是读过用过的旧书籍和多余的文具，到后来，书籍文具都卖光了，于是衣裳鞋袜帽子手帕以至一切日用品，从头上的到脚上的，凡是可以卖的东西，只要有人要就都可以拿出来拍卖；甚至有人自己的一点东西都完结了，没有办法只得向爱人讨回自己从前在北方时送给她们的冬大衣（因为昆明天气温暖，冬天也用不着冬大衣），拿来拍卖，这也是发生过的事情。还有一件“惨事”，两个穷同学，光棍一条，什么都清光了，已经没有办法参加学校里的伙食，在外面“打游击”，吃一顿再打算一顿。有一次，晚饭也没有着落了，没有办法，只得等开饭时混进学校的膳堂里，暗自包了几碗饭出来，不幸却被同学们发觉了，这是多么叫人“惨不忍闻”的“惨闻”？这以后，吃饭问题，真成了大学生们求生的第一个严重问题，于是联大里出现了一个新壁报，报名就叫做《吃饭》！那上面都是专门讨论怎样弄钱交伙食费和最经济的吃饭法的问题，这上面有一本正经地提出意见的“正派”，也有长吁短叹地大发牢骚的“悲观派”，和苦中作乐地写游戏文字的“乐天派”。据一位联大同学告诉记者，联大的壁报从来没有办过这么好和受到同学们普遍广大的欢迎的，然而任谁看了都要为之啼笑皆非。

你不要以为这是“海外奇谈”吧，这是真真确确的事实。不过，话又得说回来，其实，昆明的大学生们现在还能吃得起五分钱一个的烧饼和五分钱一条的油条，已经算是非常幸福的了。你们不想想那一面过着低微生活的广大的劳苦人们又在怎样地过日子呢？你们还能说苦吗？

上月中，昆明各大学全体学生联电蒋委员长、孔院长、陈部长、龙主席，呼吁救济，记者希望他们真能被救济，使他们可以安心读书，那真是“生等幸甚！国家幸甚”了！

记者在《昆明——后方冒险家的乐园》里暴露了这个后方的黑暗面，然而却疏忽了它的光明面，记者现在这里来补充一下。

抗战发动以后的云南，最显著地表现出一种“除旧布新”的气象，是禁烟拒毒的比较来得有点成效而更值得注意的。这点成效的收获，与其谓为由于政府的禁政收效，毋宁说是由于人民自觉的表现，这是很值得宝贵的一点。滇黔两省很久以来便是烟毒最厉害最可怕地区，这次记者走过滇黔两省，看见贵州的禁烟拒毒的成绩，就比不上云南。在今日的云南，罂粟花的种植已经不再被奖励，茶花和棉花的种植已经代替了罂粟花了。在昆明市的西郊，还来了各种的工厂，新的工厂也不断地建立起来，这里渐渐成为一个小规模的工业区。虽然都还是小规模的中小工业，然而在我们今日的工业建设的途程上，中小工业仍然占着很重要的位置的。

昆明现在正热烈地推进兵役运动，壮丁的训练正在加紧地进行。在救亡运动上，一切普遍应有的官民团体，组织和工作活动都有，每逢纪念日，都有循例的纪念集会，虽然有不喜欢甚或畏懼团体组织和工作活动之“太多”的，比如昆明的文协分会，会址设在省党部里，照普通其他团体的待遇，开会是可以借用省党部的会议厅的，然而就因为文协分会订定的开会次数稍为多了一点（每星期一次常会），“整天里开会，干些什么？”为了有点“碍眼”，为了有点“不便”，文协分会的常会只好“毫不铺浆”地退到省党屋后角的一间小房间里开会去。今年的寒衣征募运动，云南是全国各省中最先完成任务，达到二十万件目的的一个，显示出可喜的努力和成绩。虽然这成绩的造成主要原因是因为昆明的有钱人多而又由于政府采用一种强迫性的摊派征募的缘故，至于这个募款运动的政治效果的发挥是非常不够甚至谈不到的，然而有钱的人肯拿出一点钱来，这究竟是一件可喜的事情。

虽然在过去一切落后的云南，但在今日全民族抗战胜利之下进步，还是有的，不过还不能及到我们所预期的程度吧了。

敌人在钦防沿海登陆之后，给予昆明市民以一个切身的冲动，战争的烽火已经燃烧到邻省的广西来了，虽则说敌人没有那么大的力量妄想打到云南去，可是至少，以后云南所受到的空袭威胁是不能避免的了，昆明以后的能不能保持成为后方的“乐园”和“福地”，现在要成为那三十多万过着太平生活的人们的切身问题了。

（寄自云南昆明，廿八，十二，廿七日）

选自《抗战周刊》一九四〇年第二十七期，又曾刊《到大学去》，欧亚图书服务社一九四〇年版

// 给华东联中同学报告西南联大生活

吴铭绩

亲爱的同学们，你们可知道在昆明漂泊的一群吗？他们就是廿八年度离开母校的我们。

感谢你们在欢送会中“再会吧！孤岛”的一幕，更感谢你们热诚的鼓励和欢送，现在我们在昆明了，在你们理想中的昆明了，并且也入了学校——联大和云大——但我们忘不了你们，尤其在寂静的宿舍中，在故知已相离新友尚未交的一夜，不免要使我们回忆到母校的师长，母校的同学，以及临别的一刹。

现在我们得向你们报告些旅途上的情形，以及昆明的近况：

九月十二日那天，我们辞别了母校，辞别了校长，匆匆的把行李搬上了船，十三日早晨又有许多同学和我们的家长来送行，他（她）们不愿焦灼的太阳，从九点钟到十一点二十分，我想，在他（她）们沉静的脑海中，除了思念着将远离的朋友或子女外，恐怕没有别的了。船终于开行了，慢慢的离开了码头。同学们，家长们，以及我们自己的眼眶都红了，在这最后的一刹那，他（她）们还是用力的挥着手帕，表示着最后的一见。同学们，这个深刻的印像我们永不会忘了。

当船开动了以后，最初还可以看到两岸凄凉的景物，后来出了吴淞口，便是白茫茫的一片大水，除了寥寥的几块礁石以外，只有水和天。二天以后，船到浙闽的附近，可以看到三三两两的渔船，和几只掠水的海鸥。晚上，远远的几线闪烁的灯光，从灯塔里射出来，似乎在与天上的星月争明。还有几点漂浮在海面上的渔船上的灯火，正和反映在水里的星光相应。那时非常的寂静，人都已熟睡了，潺潺的水声会激起临别的思念，似乎他们又高举着手帕，在向我挥动。……

第四天船在九龙靠埠了，九龙很是幽静，道路也很平坦，但那里没有警察，晚上便赌场林立，一片格格的木屐在那里不断的作声。九龙的对岸便是香港，其间有小汽轮为渡。香港，那是商业的中心，比九龙要热闹得多了。可是那里除了爬山电车和双层电车外，什么都比不上上海。在船停留的几天内，我们已畅游了这两地。

船离开了香港，便有人来把护照收去，二天以后便到了海防，船中的情形还是一样。

海防，总算是国外了，一片高大而繁盛的树木表示着已到了亚热带，那里有很多水果，所谓椰子和槟榔，我们总算也尝到了滋味。

海防，并不十分热闹，什么都显示着沉静，越人都是矮矮的，墨黑的牙齿，配上了一件腊肠式的黑外套，懒洋洋的似乎没有一些精神。那里有着很多的侨胞，所以商店的招牌，有很多用中文的，可是语言却用越语。我们在海防与越人说话，常用一张预先写好的译音的纸来诵读，但有时还不能达意，我们就找一个侨胞来翻译。

我们因为跟随了上海医学院，所以一切关于护照买车票等手续，都由他们代办，省却了不少的麻烦，但其他的旅客，这许多手续也由旅馆的茶房代办，不用自己操心。

在海防过了两夜，我们把行李搬上车子，一早车就开行了。在途中没有饭吃，幸而我们都带有相当干粮，还可以维持一天的生活。晚上到了老开，次日的早晨，车开入了国境，在交界的地方有一条铁桥，桥北站着二名国军，和一面美丽国旗。那时，我们唱着壮严的国歌，我们兴奋极了。大声的呼唱。

当车子入了国境以后便是接二连三的山洞。有时二旁高山，白茫茫的瀑布直冲下来，有时在山腰里盘旋，一忽儿爬上山峰，俯视万丈深渊，真有些心寒，一忽儿又坠入山壑，仰望悬崖削壁，很是雄伟。这一段滇越铁路，确是比沪杭京沪路有趣得多。只可惜车厢无门，雨点一般的煤灰实在难以抵当。

本来第二天可到开远，可是因为前一辆车子在开远附近翻车失火，把路轨烧坏了，因此我们便在大塔（不到开远）停下来。直到第三天的傍晚，路修复，后才到开远。从开远到昆明，本来也只有一天的路程，可是不幸的事情又发生了：在开远与昆明间的路轨被大水冲毁，不能通车，于是我们又被困在开远了。这时谣言颇盛，都说要停留几个月，站长也莫明其妙，于是我们又在开远畅游了几天。

当我们到开远的一天，正是中秋佳节，开远的风俗，除了吃月饼外还要整天的玩迎龙戏，敲锣打鼓的闹了一天。那里的月饼大而扁，和上海的芝麻饼相仿，可是价格很高，较大的要二元多一个。

在开远我们玩远龙潭和省立中学，其他也找不到别的名胜了。

省立中学就是开远的最高学府。那里种着不少的花木，并且也开着一个水塘，水塘里养着许多鱼，读书的环境也相当适宜。那里的鱼并不怕人，有人把香瓜子（向日葵）抛到水里，看他们的争夺，很是有趣。到过杭州玉泉的人，不免要恋恋不舍了。省立中学中的先生们都有一只粗而且大的毛竹烟筒，我们进去很受他们的欢迎，我们问他们开远的名胜，他们说离城三里外的龙潭很好，于是次日我们去找龙潭玩。

所谓龙潭就是一个混浊不清的水潭，上面镌着“水不在深”四字，潭后便是一只荒芜了的枯庙，和一座凋败的茶亭，因为不好玩所以很早就回来了。在路上闹了一件很有趣的事情，有一个在割草的老妇，被一只猎狗咬伤了，我们看她很可怜，就帮助她把草挑回去。那时候我们都穿着很整齐的服装，路上的人看了奇怪，跟在后面看。后来我们挑进了城，看的人愈聚愈多，有的还在议论纷纷，一时成了新闻。而我们却很高兴，尤其是我，为了连日看夜而累乏得快要生病的身子，却因此而出了一身汗，恢复了健康（看夜——因为我们的行李放积车中，夜里需人看守）。

开远停了四天，轨道还没有修好，在开远的旅客愈积愈多，所以有了换车的办法。可是医学院中行李太多，不敢轻易尝试，而我们听到了这个消息真是高兴极了，便连夜买了扁担，草鞋，绳索。更把行李，打得结实，六人的铺盖打成四个，准备在换车的时候自己抬了走，因此我们也就脱离了与医学院的关系。

次日的早晨我们把行李搬上了预备开行的车子。我们都很使劲，尤其是女同学，也尽力的搬东西。车子开了，到被水冲毁的地方停下来，我们再把行李搬下车，幸而那里有挑夫，我们叫他们挑，自己提了小皮箱跟了走。走过了冲毁的一段，有一辆车停着，于是我们又搬上了车。过去，又有一段更长的路轨坏着，我们又同样的搬了一次。这天直到半夜一时半才到昆明，车中没有饭吃，我们买玉米充饥。六人所占有的地位，仅一条长凳那么长，我们累极了就互相依靠着打盹。

到了昆明，已没有旅馆，什么店都关上了门。最后总算找到一个货栈，我们化了四五块钱坐到天明，那里充满着雅片的气味，这一晚总算受罪。次日，我们洗过澡换了衣服，才出去找亲友，找一个暂住的地方，因为统一招生的迟迟不分发，我们不得不东跑西奔的找房子，又因为希望早日分发，我们又不敢租屋久住，因此在分发前的一个月内迁移了八次之多。

昆明的城市也相当大，街道也很宽阔，风景名胜也多。当然到过上海杭州的人是看不上眼的，三层的房屋还比不上垦业大楼底层那么高，不过在内地的确可以算大都市了。在城中有一条大街叫正义路，这条街上实行着很严厉的靠左走，路中不可以有行人，人行道上只能向一方向行走，可是只有这一条街，并且只有在下午三点钟到晚上十点钟的一个时间内，其他的时间，其他的街道你尽量乱跑没有人来干涉。

街上壁画，壁报很多，看的人也多，因为这里报纸要八分钱一张，都宁愿多跑几步路看不出钱的壁报。

昆明景风区很多，有西山、滇池、大观楼、白龙潭、黑龙潭、翠湖公园、圆通公园等，可惜除了两公园外都在数十里外。我们也没有完全去过，但这里的风景名胜都似乎年久不修凋败不堪。翠湖公园在城内，比较算好的，可是沟水不通，有几处已在发臭，故有臭湖公园之称。

昆明的风俗我们还没有十分知道，只是在重阳节，满城国旗，各食品店一律动员，只做重阳糕不做其他食品。所谓重阳糕，像一个很大的饼上面有红红绿绿的东西，中间有一层层的红糖，和上海小菜场里提着铅桶卖的扦糕相仿。

这里还有一点待殊的情形，上半天市面很静，直到下半天二点钟以后才渐渐热闹起来。最热闹的时候是晚上六点到十点。这或许是为防空的关系，可是我们在昆明还只听到过一次警报，也没有飞机来。

昆明的社会情形我不敢多写，就上面这几点算了。现在我得写上些联大的情况。

联大在昆明占有极大的位置，约分总办公处、新校舍、师范学院、昆华南院、昆华北院、凹字大楼、工学院等七处，前六处在城之西北角，后一处在城之东南角，相去有四五里之遥。一年级生都在新校舍，女生在总办公处，但上课则各处都有，在退课十分钟里得努力奔跑才上得到课，有时还要跑到工学院去（当然有充分的时间给你跑路，可是回来总吃不到饭），并且跑得快的得坐在前面，跑得慢的只好立在墙角里。上课那很随便，你来也好，不来也好，上半课也好，可是谁肯放弃呢？非但不肯放弃，还要东去旁听一课，西旁听一课，因此教室里的人更挤了。（联大的上课，阿毛阿狗都可以来听讲，只要你像一个学生）。

至于晚上的自修那真有趣极了。值得描写一点，联大的新生有九百余人，还有文理法学院的二三四年级，所以人数不下二千余，可是自修室内只能容纳五百人，因此抢坐位比难民施粥厂里抢粥还要拥挤。自修室七点钟开门，可是六点钟已有人在门外徘徊探望了，六点三刻已拥挤得不堪设想，一开门便拼命的挤，有的掉了书，有的丢了笔，有的被挤得怪叫起来，可是到了自修室里，还是同样的徘徊起来，因为自修室里的桌子上以放满了书，地位早就被下午来自修的人占据去了，于是有的去搬了桌子来放在灯光低下，有的空站了一回摇摇头去了。

虽然学生情形是这样的困难，可是学校方面还迟迟的不想改良，这真是一个逃难中的大学。

记得，当我动身的那天，马涤凡同学一定要我报告一个“考不取怎样的问题”。现在我得在这里告诉各位，要是你有诚意到昆明来的话，你就放大胆来好了，无论如何总不会在昆明吊起来，因为这里各大学招考的次数很多，日期很晚，我们这次出来统一招考没有录取的同学都在这几次考试中录取了。要是再不录取的话，先修班总有得读，因为这里有一位教育部特派来的先生，专为远地来昆而失学的青年想办法，所以你们不用担心，要来的尽管来就是了，可是话得说回来，你们等到统一招生发榜后，再来亦不为迟，像我们先来的倒反而因为没有拿到录取证而没有学号。

最后我得报告给各位的，在昆明的联中校友共有下列十一人：翁德庆，许冀闽，竹淑贞，朱炎文，袁国泉，袁作仁，林世元，施立凡，朱锡侯，吴铭绩，及周永瑞。我们在昆明已组织成一个团体，希望明年又增加了不少。你们来吧，我们来招待你们。

——吴铭绩写于昆明——

十一月廿五日

选自《华东联中季刊》一九四〇年第一期

// 联大风光

郑以纯

在西南联大读书，是不能讲客气的，一天有四五次抢，从早上起身一直抢到晚上睡觉。谁要想保持“雍容揖让”的国风，就不能在联大读书。

一清早，灰色的天幕还低垂着的时候，呜呜的起身号就响起来了。立刻，宿舍内起了骚动，大家赶快起来，奔向“老虎灶”进行一天内最先的竞争——抢洗脸水。所谓“老虎灶”，有一个深达四尺的水锅，虽然也备有勺子舀水，但事实上是等不及的，用随带的面盆来舀，不是干脆得多吗？水渐渐的浅下去了，因为锅子深的关系，人舀水时鞠躬的角度也渐渐的大起来；水将到锅底时，必须连人连面盆全伸入锅内。因此问题来了，有时一个前倾，两脚脱空，腰部刚好扣在锅沿上，两头不着力，情形有似乎“驼子跌觔斗”而完全相反。好的是锅子旁要水的同学很多，决不忍眼看你在“老虎灶”玩“跳水”，少不得要助上一臂之力。一阵哄笑固在所不免，但牺牲者也不是没有代价的，他使抢不到水的同学的不开心，化成一团和气，高高兴兴的去洗冷水面。

洗好脸，顺序下来，当然是吃早饭，饭厅内是乱哄哄的，粥桶边是典型的战场。迟些来，粥菜当然是没有了，给同桌的或别桌的同学吃光了；但事实上，粥菜不过是“末”，天天总是一些洋薯沙之类，不吃也不希罕；重要的乃是粥“本”身，普通饭碗不够大，非用菜碗不可，有的甚至拿钵；但拿钵到底太“猴子相”，因此普通是在左右手各拿菜碗一只——武装好了，到粥桶边混战一场，粥或许可以抢到，但有时身上却不免挂彩，东一搭，西一弯的，真也不大雅相，但也顾不得了。粥是薄到不可再薄的，到饭厅里食客快走光的时候，升旗号也大约要响起来了。升旗礼后方是早餐号，但是只有傻子才会跑向饭厅向空了的粥桶发气；如果来不及在升旗前吃好早餐，那只有向外面去吃早点，或者饿上一顿了。

之后，当然是学生的本业，上课了。

西南联大确实大得可以，每班的人数八九十人不足为奇，于是问题又来了。上课时椅子不够，得向别的教室去拖；坐在后面的人，既听不清教授的高论，又看不明黑板上的蚯蚓文，于是大家抢前座。但是“Lady First”乃是“天之经也，地之义也”，第一排当然不用说，是女生的宝座，碰不得的，竞争的目标乃集中在第二、三排，早在上课以前，就有人默默的坐在教室里，因为要抢好座位。后来抢座位的风气越来越盛了，前五六排的好位子，总是排满了练习簿之类的东西，表示已经有人定座。可是“强中自有强中手”，在微积分课要排定座位的一天，一位仁兄就在早晨三点钟出动，把所有座位上的书呀簿呀之类，一扫而空，全堆在讲台上，自己就坐在最好的位置上。四点钟起，便陆续有人来了，对于这个办法那有不赞成之理，人一多，形式就定了，等到原已用书呀簿呀定了座位的同学施施然来到教室的时候，早已“英雄无用武之地”，要争也乏味，少不得委屈一次了。

未到吃中饭时间，腹内早已屡次发出警报，吃饭时又是一场盛战。饭吃不饱，便大骂膳食委员。

“这届的膳食委员真是混账，你看！米也不多买一点，早上是水一般的米汤，中午只能吃两碗。菜坏一些不要紧；饭，那里可少？”

“哼！非但是少，而且吃红米，又粗又硬，怎吃得下？”

“菜也不见得好呀！四碗全是素的，荤菜里我只看到一丝牛肉，还说牛肉便宜呢！”

“我们每星期三元半钱到那里去了？”

但一经有人解释——“不是膳委不好，实是东西太贵。最坏的米，也要五十元一担，青菜三角钱一颗”——大家的气就平下去了。其实大家都知道这真情，只骂骂出气而已。

吃饭时谈的当然是吃饭问题，除了骂膳食委员外，下面一则也会一时成为谈资：

“听说南院那边有人付不起膳费，就专吃别人剩下的饭，不知真不真？”

“我不相信。”的确，大学生倒剩饭吃，在人的心目中多少有些异样。

“唔，实在是真的，听说是北方的同学，家完了，光身一个人跟着学校从北平到长沙到昆明。现在贷金好久没声息，他付不起膳费，只好等在饭厅角上，等别人吃好，他吃剩饭。”

“碗中的剩饭或者还有，桶中恐没有饭了吧？”这是经验之谈。

“真难为情，要是我就做不出来了。”再是一个慢慢的摇头。

“他只差一年毕业了，自然就很难为情也得做。”这句话却显得有些刻薄。

谈着谈着，话头往往牵扯到有钱的同学身上：

“妈的，我前几天还听说有几位少爷把伙食包在西餐里面哩！你想，西餐每客起码二元，每月就得一百一十元，况且少爷们吃的总不止二块钱的西餐。都是同学，相差却如此，你说气不气人？”

“学校是社会的一角，社会上情形是如此，学校内当然也如此。”这是大家公认的结论，事实上也正是唯一的解释。

中饭后，校门口是最热闹的所在，墙上红红绿绿的广告真是好看：大的是团体启示，小的是个人业务。联大的学生，因为物价高昂的关系，对于旧货的利用，是前无古人的。谁有多的东西，就贴广告出卖，谁欠缺什么，也当然先向广告堆中搜索，不得，再行征求。买卖大概集中在书籍、文具和衣着上，一旦成交，两下都便宜，因此市面是愈来愈兴旺的。

在街上散散步，时常可以看到摩登的联大女生，有的甚至烫着上海流行头发，穿着高跟鞋，衣服花花绿绿的和少奶奶差不多。而男生虽亦间有穿着漂亮西装的，但大部分都是破破烂烂的学生装，由长沙来的更穿着黑棉大衣，褴褛的样子像乞丐。但是女生一般的比男生有钱固是事实——这牵连到妇女问题——要在衣服上断定男生家境多不甚好却也要离宗；穿得破破烂烂似乎已是联大的校风，连教授们也很多如此；化钱最厉害的也总在男生方面，否则文林街上七八家食堂也不会常常座无虚席了。

食堂的生意兴隆，其实也无足为怪，在伙食方面，没有比联大新校舍的大厨房再坏的了。每人每星期的膳费是三元半，吃着连本地土人也不吃的红米，里面有大小石子、谷子、雀子。四碗菜，除星期六有一碗是荤的外，其余总是吃素像斋。吃完一碗饭，菜光了；吃完第二碗饭，饭桶早已空空如也。到校外去吃，包饭每月至少三十元，打游击的话每餐起码八角；穷小子那里吃的起？初来的时候，大概都吃不惯的，现在则竟至抢饭。说起大学生抢饭，似乎不大好意思吧？但事实使然——饭不够啰。大家都羡慕重庆和贵阳，中央大学和唐山交大，只六元，八元便可包得伙食。全国就只昆明最贵。

晚上，因为新校舍内电灯还没装好，可容六百人的图书馆内悬起了十二盏汽油灯，照得和白昼一般。门前拥着一堆人，候开门。人愈来愈多了，你挤着我，我撑开他，大家都预备着每天最后一次的竞争。大钟打了七下，是开门的时候了，空气突然间紧张起来。竞争已到最后关头，稍一疏忽，就是白受了挤压挣扎之苦。忽然，大门开了，于是一股人流像决了堤似的奔腾而入，抢看灯下的好位子。一时只听得拍、拍、拍的放书声和“老朱，此地！”“小陈，快呀！”的招呼声。迟来的，看看没有好位置，就三五成群的上茶馆去了。

上茶馆去做什么呢？难道也如一般“马路天使”“富贵闲人”样的去清谈国内和国际时事，刺探街巷间桃色新闻吗？非也，非也。他们上茶馆并不是谈撩天消闲，而是读书。上茶馆读书是联大学生极伟大的创作，是废物利用，是旧瓶装新酒。因为新校舍中既没有电灯，图书馆内又“桌”少“生”多，那里及得茶馆中电灯雪亮；茶钱只五分钱一碗，并不昂贵。泡上一盏茶，可以从六点半一直读书到十点半，任怎样划算，也是经济的。便宜货当然人人要塌，因此上茶馆也要竞争，迟一些去，茶馆店内一准没你的份儿，从凤翥街、文林街，以至很远的钱局街，十七八家茶馆，会一个空座都没有。到那时，才有些无趣，少不得赌气不温书，回到宿舍，点起学校供给的萤火似的植物油灯睡觉拉倒，以便明天起个绝早补足今天的功课。

一天的生活于是完了，可是即使在黑甜乡里，恐还是梦些抢洗脸水、抢早粥、抢课室前排、抢中饭、抢晚饭、抢图书馆内好位置、抢上茶馆哩！

选自《宇宙风（乙刊）》一九四〇年九月一日第二十八期

// 穷苦的大学生

杨 彤

他们渡海翻山，经了几千里长途跋涉，受了几十天风吹日晒，千辛万苦来到这褪了色的却又被重新油漆着的古城。

他们都是为了不愿做鬼子的奴隶，才这样一个个想尽了方法，不辞劳苦，从魔鬼的血口里，怀着复仇的决心，回到祖国的怀抱里来。

他们都是“大学生”。

过去，他们在美丽的故乡里，遇着那种舒适、放荡的大学生生活，人们都羡慕，甚而至于妒嫉，因为他们都是中国的特殊阶级，千百万人中的天之骄子。

可是这一切过往的云烟已被他们的辛勤苦难所冲散了。那种诗一般的生活，只能从夜半清醒时去追抚了。在这南国的高原上——那怕再高一点——他们也没法望到他们那几生来生活于斯的高大的城墙，金色的琉璃瓦，滚滚黄沙……

也许那幽静的“清华园”，伟大的“红楼”和“八里台”，如今出入的尽是些魍魉鬼魅？

怅惘地望着天空的鸿雁，带来些故都的怀念，给这些流浪者不曾？

来这儿有一年多了。在匆促间要造起房子来容纳这许多同学是不可能的，于是只得向地方当局借。凑巧，本地的中学校都先先后后为了避免空袭，都迁到外县去了，房子侭多着，空着，住的问题总算有了办法。

今年校方自己在北门外造起近百间新校舍来，不能算不大，有几十间大宿舍。可是也只仅仅住下了新生，二三四年级的同学，依然“南院”“北院”“工校”“师范学校”地分开来住。

新校舍从外面看简直和乡村房子一样，黄泥墙，涂上灰石灰。窗子是木条横七竖八拦成的，玻璃买不起，用着报纸或玻璃纸、牛皮纸，拿来粘在上面以蔽风。屋上铺的是茅草，只有几间课堂有被铁皮铺屋顶的幸运。至于内部，更不像话，地板是没有的，天花板更谈不到，四五十个人挤在这么一间屋子里。晚上，每四个人合用着一盏豆油灯。

图书馆一到晚上有两盏在同学们眼中觉得是异常亮的汽油灯挂着，于是个个吃了饭便去门口等着抢位子。看着那种争先恐后抢了位子再埋着头看书的情景，使你失笑，也要你哭泣。

他们知道他们的祖国是在那里怎样艰苦地和敌人搏斗着。他们毫不怨尤这个时代所赐予他们的痛苦，也不侭管空想着过去的“绮梦”。他们都是那么安心地，照顾着自己的学业。

他们都似具有一种超人的忍耐性，忍耐应付着一切恶劣的环境，和过于简陋的物质享受。

直到现在为止，全部的校舍还是七零八碎的分布着，所以上课是他们最头痛的事——并不是怕功课烦重而是跑得吃不销——不巧的，在“南天一柱”下了课，马上便要在十分钟内赶到新校舍；等一会儿不得赶到“乾坤正气”，再不然是“北院”“工校”。平均总得每天消耗一个钟点在跑上。

当每天朝阳的光辉射在西山千丈崖的时候，就看见这些挟着书和自由夹，穿着不整齐的衣服，两个肩膀夹着一个脑袋的大学生，在街上跑。

因着外汇的狂涨，一切的物价都随之高昂。尤其是米，最高的时候，每担竟卖到六十五元以上。于是，把昆明造成了一个“十八世纪的享受，二十世纪的消费”的局面，也造成了许多悲剧：

许多的同学都是光着身子从平津逃出来的，早就和家里断了音讯；一年前，靠着教育部每月八块钱的贷金，还能勉强地生活着。但如今，任什么东西都涨到三四倍以上，以前六块钱一天的包饭，现在已涨到十八元（每餐吃不到一点油）。然而贷金却并没有丝毫增加。

一部份同学把他们目前所不用的书本，文具，甚至衣服鞋子拿来卖。宿舍门口，学校布告版上，贴满了红红绿绿的纸条，如什么“忍痛牺牲，出卖旧书！”“无钱吃饭，出卖西服”“廉让金挂表一只”……

一部份同学忍痛减少了他们自己的读书时间，做一些课外工作，如做家庭教师、临时抄写员、打字员等事情。

然而，书卖光了，衣服也不能再在自己身上脱了，事情也有结束的时候。竟有些同学等着大家吃完饭时，去饭厅里盛点冷饭，回到宿舍里用热水泡了吃。然而这样，有时还要遭厨房的白眼。

下面是一个同学在昆明××日报上发表的一篇日记（恕我没有得他同意便抄了几段），里面的情形正是一般平津流亡同学的写照：

×月××日

学校快开学，纸笔都成问题。买了它，下个月没有饭吃。但人不能捏着肚皮过。

×月××日

交饭费的日子又来了！明天必须设法去。

又一日。

辛辛苦苦从北方带来的几本书，今天都卖去了。每本都有我的眼泪。

坐在窗前看天气，手中拿着那本孤零零未卖的字典。书亦似有生命，逼我流泪。

想到明天还不至没有吃，又似若无所感。

黄昏时，步出面门，过××食堂，一片男女喧哗之声，冲耳而过。城门边，有个无衣的人，蜷卧而呻吟，但声音极小。我忘记了自己的事。

×月×日

把母亲送我二十生辰的一个小戒指换了一笔不小的数目。走过金碧路，屡次想去糖食店里买点什么，但走到店门前便停住了。

回到宿舍，付完十天的饭费，买了一打洗衣服的肥皂，剩下来的还不够两个月的用度。两个月后，怎么样？谁敢想？

× 月 ×× 日

吃饭时，A说：“在北平，包伙食一月七块半，白米饭，天天不离肉。”

B说：

“不用说北平，就在蒙自，一月十二块，鸡和肉吃得不要吃，每天早晨两个荷包蛋。”

现在伙食十八块，吃不饱。

我得谈话。但说说有什么用处？贷金每月八元，够什么？不如不发。

……

最近曾听见一个同学说：利用礼拜天，来拉一天黄包车，维持一星期的生活！

他们都是不愿做顺民，才这样狼狈不堪地离开故乡。然而，我要为他们叫屈，似乎祖国稍稍漠视了他们一点。

可是，他们却融融洽洽地生活着。

十一，二九，于滇池之滨。

选自《宇宙风》一九四〇年第九十二期

// 联大学生一天的生活

启　濂

自己也不大清楚，早上是几时起身的。只知道从梦中醒来之时，隐约听得窗外已有人声。不管你昨宵的疲劳，是否已经消失，你总得拉起帐子，离开可爱的温暖被窝。一天的工作，就这样开始了：穿好衣服，梳洗完毕，满以为今天起身得非常之早，可是等你跑进饭厅，走进桌子一看，那只孤独的破碗中间的粥菜，早已被人“捷足先登”，吃个精光了。于是只好化一毛钱，买根油条，过此一顿早餐。有时稍迟一些，竟然连粥也没有，真是“粥少僧多”！

回到寝室，拿了书籍，跑出宿舍，吸一口带着臭味的新鲜空气，一路连奔带跑的赶到学校。时间真不等人，七点钟已经打过，教授已经在讲堂上指手划脚了。轻轻地，轻轻地，溜进课堂，在后排坐下。就这样地看了一小时的哑子戏！

一课一课的这样过去……

十点半，铃声响了。上午的四课，就如此安然过去。午饭定在十时半“开动”，得快快赶回去啊！

四碟菜，八位大汉，团团围住。十六只眼睛，紧紧地瞪着那碗里仅有的几条肉丝。饭来了，大家一哄而上，抢着装饭，正是久旱逢甘霖，谁也不肯让谁。饭是红米煮成的，其中还夹着石屑。可是谁管得了这许多？不上几分钟，风卷残云，已是空空如也。吃不快的同学，只好望洋兴叹。

看看钟，还不到十一点，于是懒洋洋地走回寝室，把身子倒在床上，透一口气，伸一下腰。

满想稍微休息几分钟，可是脑中的思想太多了，彼伏此起，那里肯轻轻放你过去！

故乡田园的景象，在眼前活跃了；严父慈母兄弟姊妹，以及朋友亲戚的种种回忆，多涌上心头。别想了，好！翻一个身。忽然又看见了爱人对你微笑的面庞。那天晚上，月光下，在郊外树下坐着，密谈着，拥抱着，吻着……

怎么？今天脑子里的东西这样多！起来，喝杯开水，再倒下。

昨天的空袭，又出现在眼前了。约莫十时光景，就拉警报，连饭也没有吃到，带着所有几件不值钱的破旧衣服，和算尺一把，仪器一匣，数册书籍，慌慌张张地跑往郊外去。空袭时虽然不能上课，可是在郊外草地上，还得打开书本，演算习题，预备考试。飞机在头顶上往来盘旋，高射炮与炸弹共鸣着，机关枪且帮着助兴。可是上述，今天总算都没有发生。

不知不觉，已是十二点了。只得勉强振作起来，拿着书本上图书馆，精神又得提起来，把头深深地埋在书中，直到二点半，上课铃声，把你惊醒。

一课一课的这样过去……

六点半，铃声响了。下午的四课，又如此安然渡过。已经八个小时没有吃东西了。快回去用晚饭，又是一顿狼吞虎咽！

饭后要是时间尚早，没有考试的话，还得上图书馆去研习问题，也没有茶可以帮助你消化，也没有 Classique musique，可以镇静你的头脑，什么都没有，除了四周数百位像你一样机械地工作着的莘莘学子。

十点钟了。经过了整天辛劳的工作，书籍上的字句，都模糊跳动起来。眼睛张不大了，头也愈来愈重，时钟的“的答”声音，也变得轻微了，蚊虫飞得没有刚才那样活泼。立起身来，慢慢踱出图书馆。想起家来，望望天：云彩不及故乡那么美丽；看看地：月光不及故乡那么皎洁；从遥远的地方，传进耳中的犬吠声，也没有故乡所听到的那么雄壮，连风也不如故乡的来得和柔！

沉重地一步一步回到宿舍，已经没有丝毫力气了。衣服一件一件的卸下，只留下一个失去活泼和精神的躯壳，倒在床上。眼看着臭虫排着队伍前进，也懒得去惊动它们。

我们好比一只鸭子，每天被教授们填，填，填，直等到学分填满以后，就算学业完成！

我们又好比一头牛，吃的是草，可是要出产“牛乳”！

思潮还不肯放过你，但是那过度的疲乏，把你渐渐地带入了梦境。

选自《青年文会》一九四〇年第二卷第十期

// 联大的学生

宋超豪

资格苍老的北大，财富雄厚的清华，张伯苓先生苦心戮力手创的南开，它们有其个别的历史和精神；由于抗战的力量，三校化为一体。这个联合大学的包罗，是不能说其不宏大的。

联大的学生，除了三原校的旧生以外，还有抗战发生后考取的联大学生，以及旁听生、试读生、借读生、特别生等，以名义看，种类是相当繁多；以学籍为标准，他们被划分为正式生、借读生、特别生及旁听生等四种。每个学生的学号上都冠有一个字衔：南开的冠以 N，北大的冠以 P，清华的冠以 T，余冠以借或特，以示与学校的关系。虽然说我们联大的学生彼此间并没有树立什么壁垒，然而坦白的承认，学生间曾蕴存过精神上的隔阂。据说长沙临大时代（那时作者尚在休学中），学生间不协调的情形，显著尤甚。那时候临大学生里，三原校的旧生占着绝大多数，因为临大招考，时仅一届。三原校的旧生，各本着一校固有的风度（虽同为一国里的大学，风度是不能说其毫无相异的），个人间的嫉念，轻视，酿成了集体的隔阂。民国二十七年临大由湘迁昆，成立了西南联大，到现在已经二年多了，风雨飘摇的时期是过去了，学生间这种不应有的现象，跟着开始渐渐消除，三校既合而为联大，三校原生的数目当然有减无增的，而联字号学生，由每年的招考，大体上却有增无减，于是学生间是很少有集体上不协调的意念了。既谈联大学生，这联大初期不可磨灭的痕迹，虽为陈事，亦应一提。

照理，本来 N、T、P 三学号的学生目下都已是四年级的，除了 N 学籍学生，有系抗战爆发那暑假前由南中毕业，免考升南大的应尚在三年级的特殊情形。然而因为休学关系，而且学校因时值抗战，将休学期限展为两年，所以三原校的旧生不少尚在二年级肄业。一帧名单上参杂着各种字衔的学号，非不有趣，目下当然大宗是联字号的了。

作者来到西南之前，想像着联大学生的衣服，只不过是制服，中山装，棉大衣及蓝布旗袍等，充满着实足朴素的姿态，如此设想，自有理由，殊不知一眼望去，西服革履，真与过去没甚区别。所以表面看来，他们是相当有钱的，然而多数是失了家乡的！事实上所表现的近似奢侈的外貌，是可予其解释的：因为学校当局深知多数学生做不起制服，所以学校里并没有固定的，普遍的制服，既许随意穿衣，所以大家都拿旧有的衣服来穿，清华园八里台时代的学生，确穿得相当不坏的。可是头发不得按时理，脱不了棉大衣的同学，也真较以前多得多了。

联大的新校舍，是在去年暑假前粗粗落成的。黄土的平房，大都供作教室、系办公室、实验室等用，其间草蓬顶的黄土平房，是理学院学生的宿舍，极形简陋。理学院的上课和实验都在这边的。工学院是另外设在昆市拓东路，文、法、理、师范等学院同学以路远不大去，文法学院学生的宿舍，是借云南省立昆华中学南院的教室，陋如前者，不过因为顶是瓦，风雨之夜，睡眠可较安稳。文、法学院的上课是借用昆中北院。学校大小办公大都是在工业学校，此外文法学院高年级学生宿舍是在昆华师范。这些被我们借用校舍的学校，是曾疏散到乡下的。除工学院外，上述各部虽都在西门一隅，但彼此间却有相当距离，平均的说，从这边到那边约须十分钟走。逻辑教授金先生同我们说："我跑起来需要一刻钟，当我赛跑时，你们最好不要问我问题。"他当然表示跑起来不大安闲。只有新校舍各座房舍间的路相当平坦清净。此外，凹凸不平的石子路，散着运输马牛的粪滓，赶上课，跑起来确够吃力：同时因为是高原，气压低，跑到一个教室时，气喘之声，彼此清晰可闻。

学校物质建设既是草创，同时学生人数达三千之多，所以学程与教室的分配，确是一件极费苦心的事情。学年开始时，有些学程选读人数太多，教室里抢座位的情形，真不平常。譬如经济学概论，选读的约千余人，分为两组，每组还得五百多。容得下这么大人数的教室固然也有，然而开学匆匆，座位最多只够三分之二，没座位又怎好做笔记？所以只得快跑，快抢，自己坐定就算了。门又开得很狭，其实并不太狭，打坏了眼镜，骂了起来，女同举抢不着位，表着哭丧的脸。有些同学，事先请前班在这教室上课的同学代他占好优越的位置，不必忙而有好座位。教授萧先生目视其弊，深不同意，“严”令禁之，维护争抢中之公平也。实则稍逾时日，谁都有了座位。谈到抢座位，不仅大学里的教室如此，图书馆亦然。因为宿舍里只好睡，不宜自修，所以各处宿舍的学生，晚上大多跑图书馆去，座位那里够？结果门前挤满了人，一层一层，门一开，蜂拥而入，或喜或气，各有表情。

昆明物价，米珠薪桂，除了家庭尚有法给其源源寄款的学生以外，其余沦陷区的学生，煞费苦心，一个月请了十数回的贷金，够什么！包饭从十八元到二十几元，吃的半红米，淡素菜，滋养固不必说，不拿劲儿，休想果腹！新近教育部长陈立夫先生来滇，联大邀请他训话，同时学生间推举代表，向其请求增贷，陈部长除允为设法外，在训话里还详述他自己过去在北洋大学读书时的寒苦情况，以鼓励半饥饿的联大学生准备担当更艰苦的生活，细雨中年青人都感奋了。

联大学生对于功课，一般的说，是非常用功的。教科书买不起，图书馆里存得当然远不够大家用，于是又只得抢着借。抢中借得一本书，读起来格外讲求效率。上课时来了空袭警报，大家鱼贯地向西门外出走，警报尚未解除，在郊外起伏散乱的土堆间，坐的卧的，谁都看着书，敌机是扰乱不了我们孜孜不倦的精神的。

警报里读书，就可以说我们漠视抗战的吗？这里谈谈救亡工作。联大学生是在不大妨碍功课的原则下，努力着文化界应有的救亡工作的。最近寒假中，学生间组织了环湖兵役宣传团，在晋宁、呈贡一带努力九天而返。自治会公演剧本《夜未央》，一以宣传敌忾，一以募金用为春礼劳军。古历元旦，师范学院一部分学生在一位政治学教授领导下下乡宣传，他们都带着效果回来。开了学，于是比较地沉寂了下来。然而，所谓“实验室里不声不响的科学家，图书馆里不声不响的外交家，政治家”，联大学生准备着担当，抗战建国是深远的大计呀。

最近无端地起了传言，说联大要“分家”了，重庆，贵阳，成都，莫衷一是，但原则上，每个人，尤其联字学生，都深深地重视它。三月一日国民月会里常委梅贻琦先生坚示不确，纷纷流言，一时冰释，大家好像定了心。——不过学生间平时并不常常考虑到这个问题的。

在这拔海三千尺的山城里忍受着半饥饿的联大学生，艰苦中，紧张中谁都已经安静地上了学业上的正轨了。

选自《战时中学生》一九四〇年第二卷第四—五期

// 联大在今日

慕文俊

回想起昔日的清华园，北平的图书馆，及那有暖气的灯光辉耀的宿舍，那又是何等舒适！比起现在的草房油灯，我们也不知要有何感想？虽然如此，然而这文化城中流落出外的乞儿，带着他们的门徒，在这名为四季如春的昆明也业已停留了二年余了。

经过了二年的光景，总算有了点头绪。但因三个学校之合并，同时学生加多，份子也格外复杂，因而统制方面，自然不免有点困难，良莠不齐。于是乎预备喝的水锅里，有时也发现洗脸盆在搅乱，虽然就在旁边有“希个人自重”的大条子贴着，也是视若无睹的。至于偷窃之事，更是屡见不鲜，把书放在窗台上，小便归来，便已逃之夭夭！全校三千多人，而又何处寻找？就在今年刚开学的时候，有一位同学的整个皮箱都被运走，虽然门口都有校警雄赳赳的站着，但那大概是专为了给

“视察者”或大教授们敬礼的！

校舍一部分是租的，一部分是自己新盖的，共分作五六处，每处相隔总有半里地之遥。在这里上第一班，在那里上第二班，仅仅十分钟的功夫，有时你得走里多路。其实只走这点路也没什么，可厌的是还得快跑。刚来到联大——或对联大情形不稔熟的人，每每于钟声响后，所看到的满院奔跑中的男男女女，而感觉到奇异！他们的跑，既非警报，又非火灾，说穿了很可笑，其实是去抢座位的。因为目下联大学生之多，每班总有四五十人，桌椅设备又不周，去晚了，不但须站在后面，而且有时还没有椅子！既然看不见黑板，又得罚站！受了求知欲与求舒适的驱使，于是你也跑，我也跑；男的也跑，女的也跑。有时上午四班，在四个地方，跑完之后，真个精疲力尽呢！

不但是抢座位如此，早晨的洗脸水也如此。二个大木桶，里面盛着热水，又怎能使每个人都得到一盆？想要用热水，那你就得快，快就得跑。只要起床号一吹，马上便满院子跑步声及脸盆与牙缸的碰撞声交响着。慢慢你也想早，我也想早，未吹起床号前，便有许多人在洗他们的脸了。目下规定六点起床，在冬天，天也不过才亮，再稍早一点，天还漆黑呢。然而为了不至于用冷水起见，也只有如此而已。

但严格说起来，起来早了，不但可得热洗脸水，并且还可早吃稀饭。因为人多，而盛稀饭的只是二三个木桶，大家一起去取，是那样的拥挤——真不弱于银行的挤兑！而且有时翻了碗，整个稀饭便会倾在你身上。若是想舒闲，就得早！至于平常来讲，凡是联大学生，那一个人的衣服上又没有稀饭的遗迹呢！这也是一种特殊生活的标帜吧！

为了目下是在流亡中，所以学校设备根本谈不到。宿舍是草屋，要点灯得你自己买蜡烛。然而一毛钱一支，最多可用一钟头，未免所费不赀；而且洋火也要一毛一盒！其实就是有了灯，宿舍里也没有桌子（教室里同样的也没有灯），唯一的自修室，就是图书馆，还相当的大，可容三四百人，有桌，有椅，还有煤气灯。好固然好，就是有点僧多粥少。规定每晚七点开门，但六点钟就有人鹄立在门口了。在将近七点的时候，又那一天不是有五六百人在拥挤着呢？在前面的人为了抢好座位——灯光线好一点，在后面的人为了抢椅子，光线便不得顾及了。设若开门稍晚一点，马上便吵嚷，敲打门窗。为了避免这种事情，图书馆里办事人员，总是把钟弄慢些，这也是一种机变适应！至于开门后的情形，想像一下也就可以了，不过还不至于挤死人而已。

座位得抢，洗脸水得抢，稀饭得抢，自修室也得抢。抢，抢，抢，于是乎小团体便愈来愈团结，不是旧日的同学或同乡，那便是仇家。只要与我有一点利益，你便急死我也不会关心的——也就是这一种特殊环境，所形成的一种恶果！

由各方面聚集起来的人们，个性不同，言语不同，同时经济状况也有显著不同。固然有一部分是穷苦的，但并不足以代表大多数。所以虽然一方面有“我们要念书，我们也要吃饭，我们不愿饿死”的粉笔标语，在各教室的墙上写着；同时也有奇装艳服的少爷小姐们，在挥霍着——尤其是广东口音的人。一个刚来到昆明的生客，看到了这些少爷小姐们口中所唱的“何日君再来”，或“小鸟依人”的歌调，真以为是置身于上海或香港，而作梦也不会想到是在这古色古香的半开化的昆明的！这种同时表现着二个不同的世纪，尤其当一个红唇烫发高跟的女郎，与一刚由山上下来的半开化的猓族土人，用头顶着他的商品，在一条路上进行的时候，这也是由于抗战而形成的奇观吧！

既然有着这么些少爷小姐，自然须有供给他们挥霍的地方，于是乎凤翥街便应运而生。据说在联大未搬来之前，这里根本不是一条街，然而现在竟成了一个小市场，杂货店，小吃饭馆，青菜商，十全得很。每天总是很多人在拥挤着——当然学生要占多数！火烧铺买卖太好了，因为在这里正式吃一顿至少要一元钱；而零买几个火烧吃呢，虽然一毛钱一个，总是消费较省的。每天饭后来上几个，也满够过瘾的了。

在这条路上，并有一个包子铺，专卖天津蒸包、水饺，虽然相当贵——蒸包要五分，水饺也要三分一个，然而仍是门庭若市。每天落日之后，蒸笼热气常是很高很高的冒出，同时散布着芳香的气氛，令人馋涎欲滴，不自由的便走进去了。尤其是华北人，在这遥远的异域竟能尝到家乡的故味，又怎好不吃几顿呢？据说这是某大教授的副业——在外面的人，听了此消息，或许要觉得出奇。然而在昆明，大学教授合股作买卖，已是平淡如家常便饭。在市中心区，正义路一带有好几个食品店与书店，是这样经营起来的。就在凤翥街上，就还有一家最清洁文雅贵族化的茶馆，也是教授们投的资本哩！

提到茶馆，事情更多了。因为自修室的不足，点洋烛又太贵，所有凤翥街的茶馆，实际上都已变成了联大同学的自修处了。本来一毛一支蜡烛，最多只好用一个钟头，而坐茶馆呢——按联大同学术语所谓“泡”一下呢？只要五分钱就够了（这还是吃茶，若吃开水，只要三分）。既省得到图书馆去挤，而光线又好的多——因为是电灯。如果再求写意，买上五分钱瓜子，或花生吃着，恐怕也就是目下在昆明最使人安乐的事了吧！所以每天晚上，茶馆里总是联大同学在占据着——关于这个，又有一个名词，叫“开矿”，意即往书本里钻也。

同学们是写意了，反之却苦了茶馆的掌柜的，又得灯，又得木炭；每个茶馆也不过有十几个座位。若是联大学生去了，一坐就是几个钟头！一晚上，至多卖六七毛钱，又怎得不赔本？所以有一部分掌柜，已露出积极拒绝态度；另有一部分虽然不张口，却将灯光弄得暗暗的，取消极抵抗的趋势。虽然如此，但用布阻水仍是要被渗透的。联大同学太多了，你不去，我去，所以在黑暗之神伸出了他的魔手后，还是有夹着书，口里哼着歌调的人，在茶馆门口进进出出。

近日贷金又将发下来了，虽然经过了很严格的审查，但非丝袜不穿，非美国粉不吃的小姐们，与头上滑倒苍蝇，身上洒上香水的少爷们，仍是有幸运得到的。那样，消费力当又见增加，凤翥街也许就要更加兴旺起来了！

联大是以前清华、北大、南开的组合，这三个学校本是五四时期中国新文化运动的发源地，所以不但作文必须白话，其他方面处处都仍表现着旧日精神。五四当然要开会，“一二九”纪念还要扩大举行！各种壁报都很茂盛的滋长，像沙漠中的沃土，来点缀这落凉的昆明。尤其文学院的壁报，有着沈从文与朱自清二先生的扶育，更是黑暗中灿烂的光芒，异军突起。此外还有些壁报发展到社会中去。在昆明的城门上，是常贴有联大同学的启蒙乡民的文章的。

每一份壁报，都有一个团体支持着，这是必然的因素。有时这些团体联络起来，举行个时局讨论会，或者会来为难童及前方将士募捐的游艺会，都是非常有意义，而同时使同学们兴奋的事。至于同学们的小组织，如同乡会，同学会，各年级会，或者关于功课方面的生物学会，机航学会等等，真是举不胜举。每逢学期之始，各省同乡忙着开同乡欢迎会，各校同学忙着开校友迎新会，而各学系又开各学系的联欢会。所出布告，有文言，有白话，有韵文，有时还用骈体；所用字体颜色，也声光色电，各尽其能，热闹极了！不过唯一能吸收人的方法，却不在布告的好否，而着重于茶点之是否丰富，不然总会寥若晨星！流亡中的同学们，那一个又不馋呢？

联大现在唯一的特征，就是“名人讲演”了吧！既是三个著名大学合并起来的，好的教授自然地集中起来。平日差不多每礼拜总有一二教授讲演，如冯友兰、周炳琳等，都是同学们所非常熟悉的。若逢到纪念日，更如雨后春笋。这个虽然没有茶点，但到者仍甚多。可见虽然食欲是紧要的事，但求知欲的重要却也不弱哩！

伴随着“迎新会”“讲演会”而来，充斥在布告牌上，除了校方布告外，就是同学们的“出让”或“征求”等私人广告了。为了物质的缺乏，书籍仪器的高涨，于是同学们有旧书便出让，要买书的便到同学处去买，同学与同学间形成了二人市场。也有同学为了缴饭费而出卖自己的物品的——无论为其个人必需与否，这实够可怜的了！这些布告的措辞，也都各尽其妙。并且有时出让的广告上，还写上还价的字样，譬如广告牌上写——“定价三元”，后面便会跟上“二元卖不卖”，真成了讨价还价的商人了。

同学们既然太多，所以因疏忽遗忘物件的人也非常多。居然也有一部份人于拾到物品之后，贴条子要人去领。但这不能白领，总得带点礼物，而礼物之多寡，也要视礼物品的价值而定。普通多半是花生半斤，或梨子几个，但也有须请吃饺子的。那样，招领的物品，总得十元以上的价值，如计算尺之类了。

这种广告，也是在初开学时最为繁盛，因为由各地刚来的同学太多，所带的东西也太多。寄语上海来的同学们，若考上要来联大念书，不妨把你所有的钱都变成货物带来，书籍也好，衣服也好，总得有点必需性质。举个例：《申报》的最新地图，在上海也不过五元，在这里十元，地质系同学还要来抢着买！在上海国货公司的工服裤，只要五元，而在这里却要十五元。每年总有些同学发这种财。不过同类的物品可不要买的太多，否则在过海防的时候，被海关查出，还需要纳税的话，那真是赔了夫人又折兵了！

圣诞节于昆明联大宿舍

选自《宇宙风》（半月刊）一九四〇年第九十四、九十五期合刊及《学生之友》一九四〇年第四期

// 在昆明的一个女生宿舍

陈　嘉

联大女生宿舍迁到南院了。南院原是一所破庙，作为一个本地中学的宿舍也有好些年了。几间大屋子，前面还有刻着“南天一柱”“乾坤正气”等金字的横匾，走到屋子里边，还可以发现许多狰狞面目的泥佛。后来那所中学疏散到外县去，从远方流浪来的大学又把这所旧庙租了下来，作为男生宿舍的一部，而且把几间大屋子当作教室。泥佛用纸糊抹了，使人瞧不见它的面目的狰狞。横匾取下了，可是“南天一柱”“乾坤正气”等名称却成了每间教室的专名词。现在女生宿舍搬到这里。和女生宿舍连在一起的总办公处也迁了过来，每间教室又变成各种不同的办公室。女生宿舍则散在几个院子里。抗战并没有把阶级观念打破，所以宿舍的好坏也以年级的高低来分配的。大四女同学的宿舍最好，大一的新同学却拥挤在一间有四五十只上下床铺位的“大统舱”里。（这间大寝室本来原是教室，现在床铺排列得和轮船上的统舱一样。所以同学们混称它为“大统舱”。）

人对于女生宿舍，也许会想到“富丽”“堂皇”等形容词，可是这些形容词是随着炮弹毁灭了，现在我们有的仅是一所破旧的屋子。但是我们宝贵它，而且我们知道有多少人徘徊在这所破屋子的门口，要进也进不来。不过当我们搬到这里时，多少还是有点不惯，屋子实在太破了。

山城的气候的确可爱，夏天不会使人淌汗，冬天更不容易看到雪，太阳比任何地方都明亮，天也比别处蓝得美丽，时常有几朵棉絮似的白云在蓝空中飘浮。甚至在雨季中比在别处好得多，雨后即天晴，并不和江南的黄梅时节相像，绵绵地连下几天雨。

可是雨季总是雨季。我的宿舍是在“大统舱”右侧的小院子里，院里的小天井有一株古老的树，时常有松鼠在那里跳跃。天井那面并立着两间屋子，人住在靠里的一间。屋内图案似的放着四张有上下铺的床位。睡在上铺虽然不大方便，但不像在下铺那样受跳蚤臭虫的扰乱。我高兴能够找到一张上铺。可是有一天晚上，我在睡梦中觉得自己掉在大水槽里，又冷又湿，我害怕得要叫起来。睁开眼，屋子里只是黑黢黢的一片。我还以为是做梦，但是我听到下雨的声音。我赶快打开电筒。被上湿了一大块，连睡衣也湿透了。我用电筒向四面探照，照见雨水不停地从屋顶上滴下来。那天晚上我不能睡好，我怨天，我怨这间屋子。第二天才知道了防雨方法，每天晚上用油布雨衣等盖在被上，即使下雨，我也不会像掉在水漕里一样了。

总办公处混杂在女生宿舍中间，所以各院子里常常有些男同学，和办公人员进出。这样一来，男生要找女同学也方便得多。从前的女生宿舍是不准男生入内的，在女生宿舍门口就树着“男宾止步”的木牌。后来这木牌失踪了，但是男同学们也只能在院子里高声叫唤他要找的女同学的名字。现在呢，男孩子都跑到女同学的屋子里来。有时早晨睁开眼睛，你会发觉有一个男孩子坐在屋子里，你又会想起昨晚将熄灯的时候，他还在屋里。你难免会再想：难道那个人一整晚都坐在这把椅子上吗？这种情形使得屋里其他的女孩子觉得太不方便。所以女生舍监出来干涉了，但是“干涉”并不能使这情形消灭甚至于减少！

七月份的贷金终于在九月中旬发给了。这消息也使穷孩子们兴奋一点。虽然十四元一月的贷金在“米要卖百余元一石，猪肉卖二元六毛一斤”的山城里不算什么一会事——学校内最便宜的伙食费尚要超过这数目！但是，这些钱究竟也能帮助人解决一些不大不小的难题。自从发给贷金的消息传出后，那天早上在发贷金的小屋子门口，便拥挤着许多男女学生，每个人拿着入学证和领贷金的单子。那天下午我从外面回宿舍的时候，在临近南院大门的文林街上，我听见一种气愤的声音，那是刚从南院出来的两个男同学口中发出来的。

“没有希望了，那个办事的人不是说已经被人冒领去了？我还以为领了贷金可以还你十块钱，谁知入学证一丢，贷金立刻被人领去！”那是较长的一个男学生说的，他的黄色学生制服的裤子上有一大块补丁。他叹了一口气，“明天我把那件冬天大衣出卖罢！”

“到了冬天怎么办？”

“到了那时再讲，谁还能顾到两三个月以后的事呢？而且你也不是有钱的人，你不能每月都替我付饭钱！”他们已经走远了，我再听不见他们的谈话。但是我心里很难受。人都有一颗知道耻辱的心，假使那个冒领贷金的同学经济稍稍宽裕的话，他也决不会为了十四元做出这种对不起人的事。我沉溺在痛苦思想中，但是一个叫声把我唤醒了。我仰头看，原来一个男同学刚从里面出来。我就顺口问他是否在找人。可是，我得到的是一句想像不到的回答。

“我在领贷金。”

我看了看他穿在身上的西服：灰色法兰绒上衣，黄色法兰绒的裤子，脚上还有一双黄色生胶的皮鞋。这个人，因为平日衣服穿得这末整齐，我们都叫他做“gentleman like”。

“怎么，你也领贷金？”我有点茫然了。

“为什么我不该领贷金呢？”他笑着说“Miss × 我请你去南屏咖啡店吃西餐好不好！昨天晚上我和两个同学在那边吃饭，好极了。我到昆明后第一次吃这末好的西餐。而且并不算太贵，三个人才吃五十多块钱。”

南屏咖啡店，五十多元钱的西餐，领贷金，那个穿着破旧黄制服，裤子后面有补丁的瘦长影子又在我的脑中出现了。我不能说话，我只能苦笑地摇摇头。不等他再说话，我很快地跑进宿舍的院子里去。我觉得自己快要哭了。晚上我去别间屋子找一个同学，她没有在。和她同屋的那位阔小姐躺在床上，穿着一身粉色绸睡衣，爱娇地和坐在她的床边另一同学说：

"明天你替我把贷金领来。我请你到松鹤楼去吃中饭！"

学校里有许多没有钱吃饭的穷学生，可是这辈阔小姐阔少爷，居然也跟穷孩子们抢着领贷金，十四元一月的贷金！我对于"人心"真的有点不解了。

中国人对于节日特别重视，尤其是我们在江南生长的孩子。虽然对于流浪的女孩，"中秋"并不是一个愉快的日子，而且好些同学都为了想家在流泪，但是，中秋毕竟也给人带来了欢乐和生气。只是令人失望的是这晚上看不见月亮的影子。因此我没有兴致跟着朋友们去游大观楼，一个人早早地回到宿舍，在自己下面一张床上一躺。屋子里很静，除了在电灯下映出的自己影子外再没有别的人。我觉得有点寂寞。正在这时同房的 Y 进来了。她看见我一个人躺在床上，便走过来拉我的膀子说：

"起来，我们一起到外面去，外面很热闹——月亮已经出来了。"

我随着她跑到外面的院子里，一个奇异的景象使我惊讶了。廿几对男女同学正在那里跳舞，中间放着留声机奏着舞曲。月亮的清辉成了很合式的灯光，照在每个人脸上。整个院子都成了银色。我虽然不会跳舞，但是我却被这情景感动了。我把身子倚在一棵大树上，望着被月光笼罩着的每个旋转的身子。

夜深了，我觉得有点冷，我应该回屋去加一件外衣。我经过另一个院子，那里有四株高大的桂花，香气袭人。我为它们吸引住了，便爬上高大的石台，想去采几枝桂花。但是我听见石阶那边有人在讲话，我便停止了动作，借着月光，从桂花树的空隙处望见石阶上坐着一对年青的男女。它们背着月光，所以我看不见它们的脸。

“别说谎，你的眼睛明明告诉了我，你喜欢我，你现在还喜欢我，我知道你的眼睛是不会说谎的！”是一个男子的声音。它们决想不到有人站在桂树的石台上面偷听！

“也许我喜欢过你，可是这并不是爱！我只觉得有一阵风，一阵狂风，使我停不住脚步！”这是女孩清脆的声音。她停了一会，轻轻地笑了起来，她的垂到肩上的黑发在月光下闪耀着，微微地在飘动：“不过这时候早已过去！你看，现在还能够找到狂风的影子，或飞沙的痕迹吗？现在有的仅是明朗的天，和银白的月光！我还不了解生活，我只晓得我做过一些梦，不管那是空洞的，美丽的，反正它们都走了！你为什么还要拉着梦景不放手呢？”

“你就这样坚决？你真的不会后悔吗？”男子这样问道。

我听到了女孩清脆的笑声："后悔，什么时候我后悔过？而且我们这样分手不是很好吗？我的印象留在你的心中永远是年轻的。世界上没有永久的梦！让这淡淡的影子留在我们的心头——你的心头，我的心头。"

月光显得更明亮，那女孩忽然转过身，现在我把那张脸看清楚了。的确是一个非常可爱的女孩，眼睛里正闪着光。但是那一张陌生的脸，我没有在同学中间看见过。我记起这些天有几个别校的同学寄住在我们这里，也许她就是其中之一罢！

"不过你允许我，以后别再来找我，也许明天我就会离开这里。我们这样分开不是很美丽吗？没有怨恨，没有厌倦，有的只是青春和欢乐！"女孩带着幻想的口吻说话。我仿佛读到了一首牧歌！恰恰在这时，我的皮鞋在石阶上一滑，使我的身子失去了平衡。我连忙立定，再往对面一看，白玉一般的石阶上却没有一个人。远去了的脚步声音在这静夜里轻轻地响着，使我不致怀疑自己落在想像的幻觉里面。

一天早晨，我刚从盥洗室洗了脸出来，却看见一位同学正伏在床上悲痛地低声哭着。我望着她发愣，我向来不知道怎样用嘴去减少别人的痛苦，去劝慰别人，所以我站在这个自己平时相当敬佩的女孩面前，真有点不知所措了。忽然远远地传来一阵歌声："九一八，九一八，从那个悲惨的时候……"有人在唱《松花江》。我记起今天正是这个纪念日，我现在知道这个同学为什么痛哭了。她是东北人，在三年前，抗战刚发动的时候，离开了家，离开了每个熟习的人，到自由的祖国来。她做过伤兵医院的护士，也在战地里作过服务员。她告诉我们，就在“九一八”那年，她的十六岁的哥哥自杀了，她那时虽然很小，可是这个悲惨的痕迹永远留在孩子的心中。后来她到这里来读书。她没法同家通音讯，只靠着十四元一月的贷金，而且还不能按时领到，她怎样能生活呢？所以当邮局招考邮务生的时候她便去投考，幸而被录取了。她要求邮局把她的办公时间改派在晚上，现在她每天晚上还要去邮局办公。她是一个沉默的女孩，不多讲话，宿舍里似乎根本没有这个人的样子。我从来没有看见她有过十分激动的时候。但是她对同学却很和善，所以我们大家都爱她。我听见人说过《松花江》的歌声常常会使她流泪。难道又是它在唤醒她的痛苦的回忆吗？我望着她，她的哭声似乎更悲惨了，把我的眼泪也引了出来。我不能劝慰她，我只好离开屋子。

院子里正下着细雨，天空满布着阴云。我怅然了：“天，你难道也为着几年前悲惨的日子流泪吗？”我木然站在院子里，也不知道雨打湿了我的衣服。“你傻了，站在雨天下干吗？”我回头，是同屋另外两个同学，手中拿着一只大口袋，笑着对我说：“今天群社的同学在大门口募捐。你闲着没有事，来帮我们罢！”也不等我回答，她们从口袋中拿出一个小包，告诉我里面有五十面白色小旗，印着“九一八，劝募寒衣纪念”等红字。她们的脸上正闪耀着青春的光彩，并没有失望和悲哀。

雨不知在什么时候停止了，我看见一片明朗的蓝天，天空中连一朵浮云都没有。我像抓住一个希望似的，快活地对她们说道：“我不怕，光明永远是我们的！”她们也许会奇怪我的回答，但是我看到的却是更灿烂的笑脸！

选自《中国与世界》一九四〇年第五期

// 南院——联大女生宿舍素描

凌 青

从外面看，只见一道高墙，几堆树梢，半角飞檐，和橙黄烧瓦的屋顶。探头到大门里，也只见一片草地，尽头处又是一道门。再走进去，转个小弯，会客室右边，仍有一道小门，上面挂一块小木牌，写着“男宾上步”，不知那位君子把“止”字擦去一划。有时候，你会发现会客室的牌子挂在上面，也许来宾很想跑进里面去会见主人。无论如何，你只有停步在这禁门之前。里头全是女孩子，除了两位男工友和几位挑水工人。要走进去看看也不是件难事：只要你有一位亲密的女朋友卧病不起，那就可以请她的同伴带你进去，不过，你得不怕那一双双诧异的望着你的眼睛。

不是什么皇宫式的建筑，只是几座剥落的庙堂，还吃过几个大炸弹，关公的脸已经覆在泥里，襄勤公的两位马弁变成了无头鬼，歪着身子威吓那些在大膳堂里吃饭的人。正中院子，多半是高年级住的，三四个人就可以占有一个小房间，而且有选择住所之权，前后两院的住客，大都睡架床，上下两层，有小梯相通，这也是夏天臭虫的交通大道，这种“四等官舱”每间约容十人，自由组合，但以抽签决定房间，各寝室之布置，各有特色。破墙糊了白纸，挂上几张彩色的好莱坞明星照片，买个录磁罐，采点野花插上，把做衣服剩下来的布，缝了边，铺在桌上，再用张绿纸做个灯罩，那末就算要开放宿舍，主人也不怕脸红。换一种方式：门口放个炉子，水桶，面盆木炭，房里墙上挂块腊肉，书架上放钵猪油，一缸卤菜，床下塞着铁锅瓦罐，晚上猫儿一般大的耗子就在那里钻，乒乓响，还有晾衣服的，挂帐子的绳子，一条条纵横屋上。这种布置也未尝不雅，房内有藤椅，腰枕，还私自在床后装电炉，电熨斗，壁灯的，可算是这里的资产阶级，人数很少。

不论是否雅观，南院门口总少不了有卖叮叮糖和花生糖的小担。对面还有两间小食店，右傍不到二十步还有个小市场，那里的豆浆店卖小吃烤饵块，炸油糕的摊子，常是围着这些小姐们。“你们有钱啰。”那豆浆店的老太婆常说。其实，有不少人的口袋是空的，拿着一点钱马上就还债光了。有的做有钱人的教师，四五个小顽皮，弄得你精疲力竭，一个月也不过几百块钱，袜子补了又补，旧的大衣翻衣里面便似新的：外面风光人话好，里头情景自己知。衣服可以自己洗，头发可以不电烫，用几根旧电线也就能够卷得像个样子；可是，零吃怎样也省不了，吃膳堂的饭菜不够饱，二百多人一斤油一顿饭，天天是豆腐咸菜，青豆和大白菜，要是不幸碰着一位“扫帚星”同桌，半碗饭还没吃完就碟碟光。

虽然如此，到底大多数人可以靠膳食贷金吃饱半个肚子。至于营养不良，只好自己另想办法。放假的时候，有些房间里散出阵阵红烧牛肉或葱炒蛋的香味，有福气的男朋友，可以在会客室分享一盆。膳堂的饭虽仍无味，却可以让宿舍里的人粘合起来。这里没有什么团体组织，女同学会名存实亡，只有膳团还有人关心，若有什末事需要报告或讨论，只有在吃饭时候，把膳堂的两个门关起来，这才能议决。

同住在一个院子里，同一膳堂吃饭，也有互相不认识的。但同寝室就不同，多半合得来。你替我裁衣，我教你卷发，一块儿洗衣服，一边唱歌或聊天，从爹娘一直谈到家里的猫狗，好笑便停下来笑个饱。要是不高兴见来客，你的同伴可以替你告诉事闲的工人，她已经出去，或是睡着了，病了，她会通知你的朋友，带他进来看你；要是你给一个不要脸的缠到脱不了身可以发出呼救信号，让她来解围。而寝室的吵嘴打架，有时也难免，但让隔壁的人敲墙喝采，自己到底不大甘心。

没正经时候在宿舍读书便到图书馆去，但也有从教室偷搬来张椅子，把椅首锯去，放在叠成的大箱前，那就成一个弦诵的所在了。图书馆里空气太紧张，有时还碰见一双眼睛盯得你浑身不舒服，坐了几个钟头都不知自己干了些什么。在宿舍里可以随时开口，打个呵欠也用不着掩嘴。疲倦了，冲杯冰糖鸡蛋润润神。没有男朋友的人，多半爱上图书馆，不管那里尘多人挤，冬天阴冷如地狱。这种人早起晚归，同寝室的人也不容易看见她底影子。

月夜的操场，黄昏时的翠湖，你总可以看见她们两三成群，一边聊天一边笑。饭后在洗脸的地方，你可以听见木屐，水桶，面盆，刷子，人声混在一起。灯下有人梳发，有人读书，四处寂然。南院被炸过的地方，已经长了青草；每个房间墙上的纸由黄变白，扯下来又贴新的上去，多少女孩子刚来的时候胆怯怯，离去时多么镇静沉着！

选自《春秋导报》一九四三年五月二十五日第一期，戴美政提供

// 联大女生生活素描

虹

《南苑生活之歌》——

早晨起来冷水洗脸，冻得手脚都哆嗦。
晚上睡觉，蚊子、臭虫、老鼠、跳蚤一大伙。
天冷少被盖，常常肚子饿。
每逢下雨，屋里成河，一混就是三年多。

这支歌是由本校的同学造词，为了女同学的生活写实而作，我们看到这支歌后，对于这里同学们的生活，总可以想象一二了。

的确是，在这里，除去了寒暑假期，无分四季的每当麻雀开始了吵噪，天还没有完全亮的时候，院子里已经有了同学们的脚步声，六点半钟左右，一阵清脆的铃声摇过后，于是有着第一堂课的同学，赶忙加紧他们的工作——洗脸，刷牙，吃稀饭，要在二十分钟以内赶到教室去，（新舍，南区或昆北）没有第一堂课的同学还可以躲在被窝里再多睡上半个钟头，可是这时候，院子里毫不和谐的谈话声，打水声，刷牙声，就是你再困，也不会睡得着。

时间一点钟，一点钟的过去，上课的走，下课的来，在月考还没光临的时候，她们可以很轻松的下课后到房间里聊天，吃东西，甚至在附近的街口上你就可以看到他们手里拿着大饼或是饵块之类的东西，边吃边谈的走着，三两一伙的谈得很相投，吃得也很起劲。

午饭过后，除去理学院的同学要做实验外，下午有课的同学比较少，不是考试逼近也很少人去闷在图书馆里，这时候他们有的洗衣服，有的睡午觉，有的进城买东西，也有的陪朋友去看电影，一整个下午院子里都可以很清静，特别是放假的日子。

一天最热闹的时期，恐怕要算是傍晚了，黄昏来后，电灯还没有亮，大家在吵闹，歌唱，传达室的女工也是这时候最忙，自从“男宾止步”的条子由这里的女同学会贴满了各院口的那天起，每到晚饭后，就可以不断的听到女工们用尖锐的噪音喊着“××× 小姐有人找”，调子听来非常熟悉，在喊的人也不会感到生疏，于是传达室前面的一小方院子就成了会客的地方，几条石凳上三两个的坐着谈笑，这时候你若是从外边进来，真会有满院生辉的感觉，特别是在有月亮的晚上，轻暖的微风，阴阴的树影，稀疏的花草，这里就成了他们临时的花园。

初到这里的人们，也许会觉得这里的设备太简单，为么偌大一个大学女生宿舍里连一间会客室都没有呢？有朋友来找的话，这样乱七八糟的或站或坐石凳不是太不成体统了吗？可是在这里生活的同学们，已经习惯于在这方小园地里会见他们的朋友，来访者自然也就不以为怪了。

最苦的时候就是雨季和冬天，小的园地成了泥潭，朋友们相会唯一可以谈话的地方就是附近的几个茶社。

除去星期六外，差不多到了十点过后，院子里时常可以听到她们轻轻的哼着“You are my sunshine, my only sunshine”……从外边走进来，电灯熄了的时候，大半的同学都钻进了被子里去，最后一声 Good night ladies！他们开始了睡眠，整个的院子静了下来。

在学期考快来的时候，情形就完全不同了，整天看见他们很严肃地抱着笔记本、参考书之类奔跑于图书馆与寝室之间，饭刚吃过，就要忙着去图书馆占位子，甚至在由图书馆回来的时候，还要点着蜡烛到寝室里开夜车，谈话的资料就是考试分数、不及格等等，看到他们那股紧张劲儿，会使你觉得这样的一天胜过平时的一个月。

初来这里的女同学，对于她们生活的俭朴，宿舍的并不整洁一定会感到过分的不愉快，可是日久也就被同化得相安和泰然了，假设以这里女同学的生活和成都华西坝的任一个大学比起来，都会差得很多，这里同学的特点是她们的生活费用多半由自己在外边兼差而来，（当然阔小姐也大有人在）所以不管从她们的服装上，吃着上或是零用上都比较朴素得多，她们中间很少小姐或少奶奶的习气架子，几位特型人物自成一个小团体，我行我素，别的同学就只好敬鬼神而远之了。

整个的女同学里有着女同学会的组织，女同学会里又分学术股、康乐股、卫生股……等，使你可以看到南苑壁报和当日报纸以及重庆的大公报。

日常生活中，同学间虽然仍不免有小组的隔膜，但大体上会使你觉得过活得很愉快，很安逸，在这个小天地中，时常会使你忘掉外界给与的烦恼，而很少接触到任何刺激，于是在这里最大的隐忧是温暖的麻痹，甚至有些陶醉。

她们是生长在苦难时代里不幸中的稍幸者，千百万更不幸的姊妹们愿给她们以上帝的祝福并热诚的希望着他们给以拯救与援助。

选自《妇女旬刊》一九四五年十一月五日创刊号

// 雨天：联大特写

萧望卿

雨下着，下着，一天老下着雨。檐霤好像再不会终止，使人忆起荒凉的深巷响着算命先生单调的小铜锣。

太阳刚露面不久，几声轻雷又让微风将细雨送来，偶然几朵黑云流过，便飞下一阵，有时雨实在抑不住豪兴，将水晶帘飘在淡黄的日光中，好像有意跟晴光争胜。

雨的滋味恐怕我们穷人比那些住洋房子，坐流线形汽车的同类知道的要多，感受的要深。它可不老是那样温和，脾气一来，灰黑而泛黄的天像一个大铁锅，狠命将人罩住，罩住，不留一丝缝隙，见不到半点云的影子。只是茫茫一片，重重地压下来，愈压愈低，愈紧，直压得你透不出一丝气。宛如立意要逃出这个沉闷的世界，终于遇着透不过气的铅块而折回。这时风声势已壮，再不见平时和温言悦色。它从云中像一阵黑烟卷下来，望着我们衰弱的茅屋直扫过去，稻草霉坏了，失去挣扎的气力，残云样卷入高空，飘挂树梢，沉落水边。

灰色的眼睛望着天空，发出梗在咽喉的叹息。

雷雨来了。哗啦，什么？是路边那株柏树倒下了，没有一点悲哀，斧子响了，菜刀响了，一群可怜的影子在分割它的残骸。

用自己的头发白骨给苍白的心生一点温热，得其所哉！

有几间宿舍土墙倒了一小片，被褥箱箧，破旧的书，怯生生地裸露出来。这些都是属于穷朋友的，虽然在阔人眼里是“嗤”！在他们是维持生命的至宝。但接连三天，天黑不久，许多尖锐的喊声叫着，急促的脚步从四面凝集，捉住了贼，一些精壮而聪明过分的家伙。半夜也惊动几次。心时时惴着，重沉沉的。没有灯的晚上，百来间房子冷清清的，沉在苍然夜色里，不见一星灯火。好多人枯守在床上，不敢离开，粗糙的闷黑四面压来。

围墙也有几处坍塌，红土一堆堆倒在小沟里，俨若一群马，疲乏了，到了终点，就倒下去。旷野新坟旧坟，绿如大海的巨浪，汹涌的滚进来。野狗山兔黄鼠狼，常从墙的破口进来，也有奇怪的人类闯进来，像一群豺狼，饥饿的眼睛老在搜索什么东西。夜间真的狼在坟上呜呜乱号，灰蓝里小绿点闪动，如同鬼火。这些平时不是没有，墙一倒，可怕的影子就一齐逼近身边了。

图书馆门顶塌下一小块，从此可以打起“修理”的幌子关起门来，安享太平一两个月，名正言顺。愿上帝赐福给这些苍白的影子。这些房子像小船飘在烟雨濛濛的湖上，冷风四面吹来，波涛乱雪样洒进来。沐浴室——我这样夸奖它，他自己怕也会捏一把汗，它只是一间窄小而快倒的房子，再没有什么，一片阴黯。墙崩了丈来宽，偏偏在路口，躲在屋角，用一盆清水擦擦身子，心不能很太平。紫罗蓝带来娇娇的笑。

同学具备雨伞和套鞋的怕不算多，有的把破大褂蒙在头上，满是亮窗的皮鞋望着自己的终点，就是说由宿舍到教室，教室到膳堂，低着头，兔子样急窜，有的用手紧紧护住眼镜。衣裳淋湿了，自然会干的，希望不久会漏下一线阳光来。虽然自己知道现在穷人不配生病，也就不去远虑。

雨一停，便有人不知从那里找来大堆稻草，使人想起梦中金黄的田野，他们许是被褥漏湿了，守着天不肯亮，托雨的福，书籍粘成一大饼，一大饼，起来摸一摸，没有可穿的衣裳。这些云翳始终不曾霑在他们心上，俨如小时候跟顽皮的同伴泼水，遍身湿着，重甸甸，在太阳里照一会，又笑起来。他们真的在笑，从小梯爬上光秃的屋顶，“这木板朽了，踏着软软的，这样薄，又滑，我活怕陷下去。”“再来一次，接不着，我可不管了。”这在他们只是游戏。

雨也带来了快乐，早起，忽见遍地白光，欢喜像虾蟆。水井枯了将近三个月，洗脸怕是第一件该被皱眉的事，洗澡暂时可以缓，好在昆明不太热（有钱的自然可以去上上澡堂）。枯井里一步一软的小梯，有兴致不妨去试探。半盆泥浆，有时一条死泥鳅，断断不会辜负你。打水的法宝（我也是最近才领略得）有缺了耳的土罐，有扁塌塌的铁盆，有热水瓶的躯壳……无奇不有，你所不曾见过，不曾想到的，时时在井边聚集。宛如许多年前南京某大人提倡的纸鸢竞赛会。前几天有个老朋友来看我，眼光凝在桌上的破瓦罐，一圈圈的棕索，疑惑发痴，过了好一会，我才告诉他那是用来吸水的，他想笑，可没有笑，只说一声“唉”。有点感叹，也有点好奇心满足的愉快。

选自《春秋导报》一九四三年八月二十八日第十五期，戴美政提供

编注：霤——指屋檐流水。《说文·雨部》：“檐霤，屋水流也。”潘岳《悼亡诗》之一：“春风缘隙来，晨霤承檐滴。”

// 雨季中联大风景线

飞 白

雨季终于在六月中来了。渐渐地，晴朗高爽的天气只是记忆中的事物。云有时朗开，蓝得发青的天带给人阳光和暖意；但不久雨云又会从山岭爬上；甚至有些时候，太阳光来不及收敛，雨就下来了。于是高原上特别鲜艳明丽的虹霓便横贯天空。这些时候雨点往往是粗大而有力的，打在联大的屋背上，就像鼓捶落在铜鼓上一样地响亮。

大考是在六月下旬完毕。七月初，为联大神经中枢的新舍遂入于冬眠状态。

雨来了，那些经历过四个雨季的土墙，都呈“不稳状态”。在几次大风雨中，图书馆的墙崩了，饭厅的墙崩了，围墙崩了……本来每年成天开放的图书馆，因为必需修理，整整地关上一个多月。留校的同学时常抱怨修理工程的缓慢。

联大在昆明的校舍也够分散。譬如说工学院便在离新舍十来里的拓东路。工学院和女生宿舍比较整齐，而且还有门房，客人可以“按图索骥”，找人并不困难，可是新舍便不然了。新舍没有门房，只有校警，他们负责的仅是学校“治安”。

校警曾经为梅贻琦先生在国民月会上赞扬过：因为，他们去年一度开垦了新舍中的荒地，种起又肥又大的洋白菜。雨季里他们的责任更其繁重。围墙塌坏以后，暗夜里常会内进出幽灵似的小偷。

八月以后，新舍又渐渐苏醒过来。首先是新生的招考，大门上出现了很多标语：“朋友口渴了到贩卖部！”“忘了带纸笔的！供应处免费供给。”“试卷要整洁，答案要清楚。”

这次招考，一千五百名左右的竞争者中得胜的是九十二名。

学生布告牌上出让旧书的条子又拥在一块。已经到校的“新人”们常在那里搜索用书。也许由于供求两方面的需要，茶炉工友室几乎成了个拍卖行，书籍之外还有衣服。

雨季已经三个月了，无尽的雨云也该有个尽端吧。有人在计算暑假还有几天。真的，还有几天呢？九月六日注册，十三日上课。参加最后一次夏令营的同学们也已经回来了。

（飞白，九，十一，）

选自《燕京新闻》一九四三年九月二十五日

// 联大同学是怎样生活的？

北　原

一

还是不久以前，在联大发生了一件悲壮的事情，一位去年参加统考而被录取了的同学，他为了对祖国满怀着热情，竟独自由山东步行到四川，一路上路费用光，卖衣服，卖鞋子……当他拖着疲倦的身子踏上四川的土地时，他的行李已成了空囊。为着吃饭，他便向学校请求救济。这时，学校在叙永造新校舍，他饿着肚子等待的结果，得到了粉刷墙壁的工作。每天学校给他五毛钱啊！在四川这样高昂的生活费用下，你相信五毛钱能够吃饭吗？然而这就是学校对这位热情的同学的救济。但是学校的“高级官员”却在叙永天天大请其客哩！

西南联大拥有全国最多数目的同学，而且大多数都是来自各地的优秀份子，这绝不是夸大之词，可说让我们来看看这联大的学府中的同学是怎样生活着的！

二

联大同学的经济状况，都很不好。据一般的估计，华侨同学都很有钱，广东湖南的同学相当有钱，其余的家在沦陷区的同学，经济情形都非常之坏了。因此贷金对于多数同学，无异是救命汤，虽然只有很少的每月十四元的贷金，同学们却都认为是一种幸运。但在去年开学时，教育部突然将贷金名额减少了将近一半，（上一学年一千三百多名，现在减得只剩下七百多名了。）在全校将近三千人中，得贷金的机会是相当难了。加之学校当局审核贷金时，又定有适当的标准，所以贷金名额未发表前，每个人都天天盼望着发表。等到发表后，一看到没有自己的名字——只有垂头丧气的退出。有些实在不得已的同学，便只好悄悄地卷起铺盖，离开了学校！

联大的布告牌，以及通行消息的墙壁上，差不多贴满了报告，一张盖在一张上，已经厚得可观了！每张布告的内容，无不尽吸引人的能事，什么“廉价出让皮鞋，最新式的新度95%”“忍痛割爱计算尺200元”，甚至“出让近视眼镜”的广告也可以看见。你要是低着头走路的话，留神一点，有些人的鞋子是两双不同样的哩！有些鞋子的鞋帮鞋底，差一点儿就要分家了。

至于吃的，由于伙食涨价，廿元一月的伙食，菜碗里只有稀落的枯草样，或上一点儿菜，没有盐，也没有油，饭里全是沙子，一不小心，牙齿会咬掉的。

在这样的经济情况下，许多同学就不得不找课外工作，以进行半工半读了。在昆明往往一件待遇不太好的工作，也会有好几个同学抢着要做。

三

救亡工作在联大有相当的开展，这反映在各救亡团体的活动上，及多种多样的壁报里。可说这工作始终没有坚强的组织，所以还是不够广泛，不够深入，加之学校的课程压得同学们喘不过气来，因此也有好些同学陷入苦恼中，他们虽然功课弄得很好，但是他们不关心时事，不了解政治，使自己受着与现实脱节的苦痛。

联大的壁报，是真正反映联大同学思想、生活的园地，有“青年”“群声”“腊月”及“励学”“冬青”等，还有小型的“热风”，共有二三十种之多，“女同学壁报”自本学年起亦按期出版。走进校舍，就觉得琳琅满目，壁报分月刊、半月刊及周刊三类，同学们都用最大的热情来培植它们，爱护它们，使它们一天天更坚强起来。

联大图书馆里的书少得可怜，本来清华、南开、北大三校的书籍是非常丰富的，可是几经迁徙，现在是所剩无几了。

所以每天图书馆没有开馆前，总是黑压压的挤了一大堆人，有时会几十个人抢一本参考书。

在这儿学问很好的教授固然不少，可是永远抱着几本破书，重复开留声机的倒也不少，使得同学们对于这些功课毫无兴趣。

四

虽然同学们的经济情况是那末坏，虽然在昆明这样恶劣的物质环境中，客观的条件对于同学们有那么多阻碍，但是联大的同学们是绝不会气馁的。没有实验室，就暂时不做实验，缺乏参考书，大家轮流着看。这是一种训练，这是抗战给我们最好的训练。

重庆的大学贷金已增至十八元一月，教育部还有米贴，而联大的贷金却仍是十五元。最近同学们要求教部增加贷金数目，在昆明的物价高涨的情势下，这的确是联大同学的一个迫切的问题。

不过，不可否认的，今天在联大仍有着极少数的同学，还在过着“花天酒地，纸醉金迷”的生活，在那样的生活里，他们已变得麻木，他们这些大熔炉里的沙子，终久会被淘汰出去的。

联大同学的生活，在过去和现在，都是艰苦的。而且将来会更艰苦，他们在这艰苦的生活下，坚强地长大起来。他们只热烈地要求着政府，解决他们物质生活的困难，使他们更积极地参加到抗战工作中来！

选自《青年生活》一九四一年第六期

// 联大华侨同学生活

邱裕明

一、缓缓地上了高原

真的，生活在海平线上的人，往往会欣赏高原上的人那种轻飘地捕捉头顶云彩的生活。谁知道，等到他们越登了高原，便会哑然失笑，这不过是一场幻空的构想而已。

抗战以后，迁到西南高原上的大学有：西南联合大学、中山大学、同济大学、中法大学、华中大学、中正医学院……等。后来，中山大学、同济大学、中正医学院又相继离滇他迁，在其中最令人注目和崇仰的是西南联合大学。

西南联合大学是由北京、清华、南开三大学组成的，它具有三校过去一贯的传统精神。拥有三千余学生和二千余教职员（连家属在内），在中国算是自有大学制度以来最大的大学。它是从艰苦中成长的。有五个学院：文、法、理、工、师范。最初，校舍是完全租住昆华中学、昆华师范和工业学校的校舍。后来又在大西门外将荒冢开辟成近百亩广场，便在广场上建筑起将近百座矮小的房舍作为宿舍和教室。而且，在此困苦物质条件之下，又不幸遭受了敌机三次残酷的轰炸；但是，新的校舍仍旧从瓦砾场上建立起来。的确，联大是从轰炸中生长的。

到今天，联大确已真正壮大起来了，它在巍峨的高原上站稳了脚跟，如一座民族文化的灯塔，猛烈的向四海投射出含有无限诱惑力的光芒，吸住了四面八方学子的眼睛，甚至于连遥隔千里海外的华侨学生。

瞧吧！从二十七年度起，许多赤道旁海平线上生长的学生，为了追逐光明，他（她）们负笈缓缓的从倾斜度的最低点爬升到高原上来了。

二、怎样踏进门槛

沿着滇越铁路和滇缅公路缓缓的爬上高原来的人，在喘气稍平息之后，迎面而来的第一个难关，就是怎样踏进大学的门槛？

昆明——这四季如春的山城，夏天的温度还可以使每人身上保持着一件绒毛背心，它已经成为一般远来投考者的季节。翠湖公园早已绿柳成荫！在树荫底下或者在石板凳上我们很容易看那些死读着手里的《大学入学试题解答》、“高中复习丛书”和《投考指南》……之类敲门砖的投考者。在这些人群中间，有穿着薄薄的衬衫和短裤的，脸也黑黑的，默默的对着手里的代数方程式和几何的轨迹发愁，这是刚从赤道上来的华侨投考者。此外，他们读书的场所除开公园之外，还有茶馆、图书馆、青年会宿舍和自己租下的一间极幽的小房。

照例每年的统一考是在八月初举行。第一日考国文、公民，大家都觉得容易混过去。第二日考数学和英文才是最令人愁眉的难关。一跨进教室，还未坐定，立刻翻开试题，眼前全是一些错置古怪的字眼，昨晚死读书的五十条题例没有碰上。然而，好像并没有完全失望，他们仍继续翻来覆去搜寻熟悉的字眼。这时候，旁边似乎有人撕破了卷纸，还听见踉跄走出考场的脚步声。很少人敢回头望一眼。下课铃一响，大家踏出场门，认识的互相招呼一声之后，低低的说着：

“完了。”

“怎么样？一题都没有答吗？”

“嗯，明年再来吧！”

下一堂考英文时，有的座位已经空着，待考史地的时候空座剩留得更多了。一些人已经沮丧地回到自己房里抱着枕头偷偷的哭泣。不过，大多数的人还一直坚持下去，他们有一个希望，就是收试卷的先生们也有头昏眼花的时候。

为了这些沮丧的投考者，二十八年秋天教育部在昆明设立了“来昆就学指导处”。但是他们的工作仅是消极的指导，对于一般失望的投考者指导的结果还是失望。一个华侨曾再三向主任诉说他失败的原因：

“先生，华侨的水准一向比国内的要低，你是知道的，尤其是数学，不过华侨有一颗很热的心。我请求做联大的学生。”

但是，他并没有得到满意的答覆，似乎也没有失败。的确当时找主任诉苦与求援的人太多了。一句话，主任说得非常干脆！

“我是很愿意帮忙的，不过这事情应该呈请教部批准。”

就这样一天一天的挨下去，这期间大家都战战兢兢的听着许多骇人的谣言。不要想它！有些人却极力想镇定自己。

十月初，榜终于贴出在墙上，许多人看见了自己的名字，快活得眼泪也挤出来了，也有许多人瞠目哑然。

“我想回到南洋去。你呢？”

“我想等明年再说，或许进先修班。”

前者毕竟不多，也没有勇气来实现自己的话，结果还是进了先修班，后者意志相当坚决，有的人“明年再说”这话已经是重复第二遍了。

三、可诅咒的生活

一个个回国的华侨学生，最初是不会习惯国内学校生活的，除非是曾经在上海念过几年中学的人。他们一踏进联大简陋的大门，举目一望，他们一切的梦幻将化为泡影。

所谓新建的校舍，完全是荒冢上站起来的土房子。瓦盖的大房子是图书馆和饭堂，稻草盖的小房子是寝室，锌皮盖的是教室和实验室、办公室。昆明虽然四季宜人，也是令人厌恶的季节。冬春两季是猛烈的风季，我们会和像到北平城里刮着塞外的风砂。冬天的晚上，坐在四壁通风的图书馆内冻得手脚僵硬；在简陋的饭堂里一阵风卷进一片漫漫黄沙，扑扑地掉落到碗里。夏天一到，又是连绵不绝的雨季，一直延长到秋末，学校里外泥泞的小径稀烂得使你难于伸脚。

说到寝室，不如说是匐伏在地上的笼子，上面覆着每年雨季前必换一次的稻杆。两端各开一门，两侧各有五个栅窗，里面摆着二十张双层床，住在下铺的终日饱尝跳蚤的滋味，上铺一不小心，便会撞着屋顶，不过，遭受臭虫的祸患上下铺都一样。

联大的生活可用“抢”字来形容它（这情形在二十八年度最厉害）。早晨起来，洗脸要抢热水，吃饭要抢饭，上课要抢座位，在图书馆要抢参考书，晚上要抢挨近电灯的桌子……

这些匆忙的生活，对于华侨学生确是使他们感到昏眩的，到处所碰到的都是达尔文所说的“生存竞争”的现象。可是，日子久了，一切都看管了，大多数的人也就学起抢的技术来，往往都是后进者有过而无不及。但是，也有极少数的人，却厌恶这种生活，他们曾经愤愤的诅咒过：

“这可诅咒的生活！”

他们在学校附近租下了一间小房子，为了清净自己，有些确能好好的安置自己，有些却增加了麻将来装饰寂寞。

“钱”是美化生活必要的条件。华侨学生差不多过去都挥霍惯了的，请一次客，往往就拿外汇的比率来安慰自己：“怕什么！一个卢比抵十几块国币。”因而他们每年的用费在二十八年度约自八百元国币至二千元国币，二十九年度却随着物价而递增，自一千二百元到二千五百元国币，甚至达三千元都有。不过，有些确是生活非常勤俭，但终日花天酒地糊涂度日的也不少。

在未踏进大学之门时，每人都有一种腹定的计划，可是等到真正身为大学生时，一切计划却又冰解了。四年大学学程在他们看来却比六年中学还要长。大多数的人都抱定六十分主义，希望功课马马虎虎能混过去，只要早一年毕业，方帽子一戴，迈着阔步昂然走进广大的社会去。

四、金蝉脱壳

谈到联大华侨同学会的组织，这是相当晚的事情。

在昆明华侨同学最早的团体是“旅滇华侨同学会”，由北大、清华和同济的几位华侨组织起来的。初期还相当不错，大家也极肯合作，后来他们之间发生意见，有些愤愤的退出了学会，有些却采取了消极的不合作主义，此会便一天一天冷落下去。二十九年春天，第三次大会席上到会者仅寥寥数十人，此时已由 × 某主持。他具有极大的雄心来改革学会内部机构，他几乎想出了种种办法。他极力主张会员范围应该扩大，只要是华侨，不论机工、商人、公务员、工人都应该是本会的当然会员。他自己提出了修改章程的议案，结果台下那些准备会员举手赞成通过。

同年夏天，华侨学生回国的很多，在秋天第四次大会席上，有一位新归国的华侨同学站起来质问修改章程的理由，旁边有几个彪形大汉跳起来大声的喊“打”！立刻被台上的主席喝住了，随即就向那位同学提出严重的警告，还用手摸探腰里的黑家伙。

这场大会结果大家不欢而散，此后大家皆相继脱离这组织，经费是当时最急迫的问题，而学会仅存一躯壳而已。然而 × 某却另有解决经费办法。这时学校快到开学时期了，华侨同学运到来会请求办理免费车票的很多。他一手拿着车票，一手拿出捐簿，说道：

“请捐点吧，为着救济在滇缅路上的机工们，同时也为了学会的经费。”

当然，三十元是少不了的；当时到中国运输公司买车票也不过是一百元左右。

二十九年冬天，联大有几位华侨同学感到华侨确应有一个巩固而持久的组织。于是有人发出组织华侨同学会，企图用金蝉脱壳的计策脱离旅滇华侨同学会。事情刚进行一半，便让 × 某发现了，极严重的恐吓被传出来了，几位发起人只得默默低下头停止了工作。

三十年正月，联大在叙永创设了分校，此消息也带至叙永。当时叙永分校有三十多位华侨同学，于是很快的成立了分校华侨同学会，从此奠定了联大华侨同学会的基础。

夏天，叙永分校复又归并了总校，于是有人提议将分校同学会扩大为联大华侨同学会。一直等到太平洋战争爆发后十三天（十二月二十一日晚上）华侨同学会才正式成立，决定了下面的组织系统：

全体会员大会——干事会——
- 总务股
- 文书股
- 学术股
- 事务股
- 康乐股

在联大华侨同学会成立二个月，旅滇华侨同学会已奄奄一息，而 × 某早已到 ×× 谈生意经去了；会务便移给另一个同学负责，此位新继承者曾费尽唇舌召集了不到二十人的大会，通过了作为联络感情的金殿与黑龙潭之旅行，结果听说他因此恋得一位新返国的女子，会务又搁置起来，旅滇华侨同学会到此时可说已经日暮途穷了。

五、小小的统计

联大华侨同学，据一般人估计在二百人以上。因为华侨同学会成立太晚，迄今不过六个月，一切的工作计划仅有初步的就绪。截至今日为止，来登记同学有一九五人；而且登记项目有些不能详尽，有些填了籍贯，忘了院系及侨居地，有些填了侨居地却又忘了籍贯。虽然数目不太多，但如果要得到极精确的统计结论是相当困难的。因此，便采用了调查统计上“选样法”将籍贯、侨居地、院系作统计分配，虽然不能达到完全的准确程度，但，根据科学推算结果，距离绝对的准确性也不算太远。

籍贯统计分配：广东—— 一四八人，福建——四三人，浙江——二人，山东—— 一人，山西—— 一人。

侨居地分配：香港——九三人，马来亚——三二人，暹罗——二三人，安南——十四人，爪哇——十三人，缅甸——七人，菲律宾——七人，婆罗洲——五人，苏门答腊—— 一人，墨西哥—— 一人。

学院统计分配：文学院——三二人，法商学院——一一八人，理学院——十八人，工学院——十五人，师范学院——十人，先修班——二人。

六、晴天的霹雳

一九四一年十二月八日早晨八时，太平洋战争震惊了全世界，高原得着此消息已经是太阳初升的时候，久已沉寂了的山城被激起了抗战以来第一次的大欢腾（七七与八一三除外）。号外之声撼震山城，马路上低头读着报纸的人脸上挂着隐喻的微笑，认识的老板就打了一个招呼，大大的张开嘴：

“日美宣战了，我看日本末日到了！”

在联大，全体同学都疯狂了。大家为准备着后天的火炬大游行，几乎连上课都忘了。华侨同学起初还相当兴奋于此消息，过后一想，悲哀便立刻袭上来，因为想到战场是自己的第一故乡，有父母兄弟姊妹……

晚上，大部分同学都到街上鹄候特别的号外，有些同学却偷偷的溜进电报局想打急电给家里，探询家人平安的消息，心里还想着希望能汇一点钱来。但，电报局已挂起香港、新嘉坡……停止拍电的牌子。大家只好沮丧地走回来。怎么办呢？大家聚集在一个角落里，静静听着别人的意见：

“我说，日本海军打不过英美的海军，我们不用忧虑。明年，不，后年一定可以回到南洋去。”

“我想，家里一听到这消息，一定会先电汇一笔钱来的。”

“以后我们可以请贷金来维持生活。”

“……”

几乎在同一个时间内，南院女生宿舍内有几个香港女同学嘤嘤的哭了一夜，据说是担忧家人的安全。

“我也是难民了！”

有些同学向国内沦陷区同学半自解嘲的说着。

现在横在大家眼前的问题：是如何来救济这批新成就的难民？无疑问的，这工作便落在联大华侨同学会肩上。当时，华侨同学会确有开会热，今天开干事会，明天开全体大会，小心的讨论着要如何向学校当局、侨务局、赈济委员会呼吁，请求设法救济在校同学。

几天以后，同学会在新校舍墙壁上贴出一张鲜红的大布告，写着："赈侨当局已答应救济凡执有华侨身份证件者。"于是，仅仅几天内来会登记同学有一百人以上。有些人平日常跟华侨同学在一起的，觉得也应该享受这种权利，于是，连忙到侨务局办了一张身份证，证明他们确曾在二岁时离开缅甸，或者确曾经过香港，而且能指出香港确确实实跟照片上一样。

再过几天后，有人忽然接到家里的航空信，仅是简单的几行报告平安消息的黑字，丝毫没有提到钱，可是在今日也像如获至宝一样的反复的读着；有的接到家里附近落下一颗炸弹而家人被告无恙的信，不禁偷偷地捏了一把冷汗。

同学会第二张大布告又贴出来了，上面写着最令人感到兴趣的大字："于 ×× 日携身份证到赈济会领取五十元难民救济金"。

"五十元，唉！不过是十天的饭费。"一个感叹地说。

"五十元卖了一张难民身份证哪。"

"管他难民不难民，我们需要的是吃饭的钱。"

"……"

在这旧岁即将逝去之际，是大家对战争感到振奋，对家人感到关怀，对自己的生活问题担忧的时期，却也有极少数的人超然站在圈外。他们似乎已揭穿了一切的隐秘！为应付未来更艰苦的生活，他们在沉静中准备着，他们极喜欢与人们谈到此次的战争，有时也想念家人，但他们绝不致于流泪悲痛，他们已很明白：

“全世界已遭此劫，家毁人亡何足惜！”

另外还有一些人，他们已经麻木了，已经忘记了战争，他们躲在角落无声的活着。

七、洒一掬辛酸泪

高原的风带来了朵朵变幻的云彩，云彩带来频频不祥的消息。大家每天极细心的读着报上每行新五号小字，从那些脸上逐日减退的笑容看出消息一天比一天恶劣。香港还未陷落，拱卫整个南洋的威尔斯亲王号主力舰被炸沉了，这消息震动全世界。接着香港陷失，马尼剌沦陷，最后新嘉坡——民主国远东的堡垒，也终于沦失了。

许多人曾为此消息而痛哭流涕。有些人却仍坚强自信着，不要太相信朋友，站得稳，还是靠自己脚胫的力量。

今年新春的消息暗示着未来的胜利，大队的卡车运载我国精锐的远征军进入缅甸，却又把眷恋祖国的侨胞父老一批批送到山城上来。他们之中大多数已经好几十年没有亲过祖国的面颊，有的却连在梦里也没有梦到。在烽火连天的祖国，他们已经不能看到肥沃的江南平原、莽苍的黄河大平原和辽河平原；不过，在险峻的山岭上蜿蜒爬行的滇缅公路也足使他们赞叹祖国的伟大。

联大华侨同学会于三月二十二日假云南大学礼堂举行欢

迎归侨大会，茶点却很单薄，不过真挚的感情存乎他们之心。他们之中极少是骨肉关系的，会面的时候，大家俨如久别后重逢的父子母女，提起过去在南洋打下的基业，不禁弹下几点辛酸泪。

下午一时半，会幕徐徐揭开。主席，一个瘦长的人物首先起来报告大会的意义，来宾继而纷纷起立向归侨致慰问词。随后，在热烈掌声中马来亚侨领何葆仁博士缓缓的走到台前，开始他的一段动人的演讲。他已是五十岁以上的人，身体还相当强健，口音宏亮而极有力，带着满口闽腔的国语。他忠实地分析新嘉坡沦落的因果，他谦恭地颂扬华侨的精神，最后又叙述了他个人流亡的经过。他的话，没有美丽文句的装饰，没有故意的歪曲。说到华侨孜孜苦心经营的事业一旦化为乌有的时候，他并没有流泪，却抑压着满腔的悲愤，其实一字一句都是挂着泪滴的字眼。

何博士最后以“蓄满愤怒以待”的激语结束了他的演词。继之而起的是前南侨慰劳团团长潘国渠先生报告大家最关怀的华侨领袖陈嘉庚先生的消息。他说话粗枝大叶，神气活现，有力的抨击外面流传陈先生舍职亡命的谣言。他说，陈先生确是在新嘉坡陷落前一天乘一叶小舟飘过汪洋大海而到爪哇去，中途海面水雷到处飘浮，在几天以前已经有一只逃亡的帆船给炸得粉碎，而陈先生的安全还是极为人关怀的。

随后有一位落魄军人和一位华贵的小姐起来报告逃难经过。他和她是从新嘉坡逃到加尔各答，然后再飞到昆明。她亲历过华侨在印颠沛流亡饥寒交迫的痛苦，在台上她大声疾呼，要求昆明的救侨当局速伸出救援之手，而博得台下不少掌声。

大会闭幕，太阳已经落到山后去了，暮色到处飘游。在会场上连续坐了五个钟头。对于那些刚在旅途上颠簸的父老们应该是太累倦。

“对不起。你坐得太累了。”主席向一位年老的归侨慰问。

“屁股确是有些麻痹，不过我的心还是热的。”大家打了一声痛快的哈哈，遂一一握别了。在此场大会上得到三个宝贵的收获：

（一）请求救侨当局迅速设法救济留印归侨。

（二）请求救侨当局拨给车辆载送归侨返乡。

（三）请求救侨当局设法救济在校华侨学生。

八、几个趣味的人物

这几个月来，华侨同学会太忙碌了，在为自己生活问题告一段落后，接着又发起联合云南大学和中法大学华侨同学会筹备赈济归侨游艺大会。在这些会议席上出现了几个趣味的人物，他们会使得同学会的气氛活跃起来。他们是一种组织里不可缺少的装饰物，下面且把他们一一介绍出来，引用他们的绰号与诨名，还附带一些小史。

第一个有趣味的人物：“孟买商人”，顾名思义，他确是像商人。他具有北方型高大个子，下嘴唇比上嘴唇长，静默的时候就好像在等待空中掉下来的食物，戴着一付玳瑁框近视眼镜，却常常滑落到鼻梁上去。腹部微微有些隆起，走起路来作半圆弧形的晃转。他是一个大好人，学会里老大哥。平时很少生气的时候，也许因为世故太深，对一切的辱骂皆陪以苦涩笑脸。

第二个有趣味的人物是“南洋音乐家”，胖而结实的身体，眼凹得很深，戴着一付相当深度的近视镜，脸宽阔而褐黑，头发很奇怪的卷成无数的小圆球，一看见他，极容易让人想起非洲阿比西尼亚民族的头发。他也是一个大好人，在会议席上不肯轻易说话，可是他一开口，言词简短而有趣，常常令人发笑，而他自己的笑却从来是没有声音的横起嘴唇。

国内生长的同学说他是一个典型的华侨。的确，凡华侨所有的特色都具备了。不过，他确是极恋赏赤道椰林的风光，当他在沉思的时候，我们便可猜想到他又在想念南洋妩媚的景色了。轻轻的拍他的肩膀：

“拨起你的吉打，哼着桃乐赛的歌吧。”如果谁低低的对他说。

他会回头向你微笑一下，点一点头，于是就会开始和你谈起南洋神怪的故事。他有几种乐器，玩得极好，好像喇叭、洋笛、提琴、吉打、口琴……他的绰号也因此而来。

“华威先生”是一个相当矮小的人，他的绰号是新近赐封的，其实他与张天翼先生笔下的华威太不相同，也许在张天翼先生笔下又是另一种典型。他常穿着南洋式样的布西装，喜欢用舌头翻舐上下两唇。在会场上，他那低而拖长的声音常常使人听到腻烦，声调带着刺耳的怪腔，一张嘴，说话就像永远没有停止似的，有时站起来还占据了不少思考的时间。他做事却极肯卖力，对于跑腿之事从来没有推迟过，有时他确喜欢带着教训的口吻贡献意见：

“我的意见是怎么样呢（念 Ner 音）？……第一呢……第二呢……第三呢……”

还有一位极容易让人遗忘的人物，他的个子不到五尺，绰号“矮子”，两个月前被派到前线工作去了。他的性子很暴躁，但很耿直，富有正义感，时常边走边唱从前在合唱团里学来的流行抗战歌曲。在会场上，高兴的时候他会装出种种鬼脸令人发笑。可是，他却静静的离开了这山城，学会里缺少了一位令人捧腹的人物。

最近，有人接到他从南方森林里来信，说生活得很有趣。

其他，有趣味的人物太多了，这里不能一一介绍。

九、两种不同的前途

一个静静的晚上。

时间距离太平洋战争爆发之日，差不多有五个月，地点在草盖的第 × 号宿舍。电灯在一小时前突然熄灭了，星期日，同学们皆到茶馆聊天去了。宿舍里也静静地。这宿舍南端有一盏晃动的烛光，映着两张苍白的脸蛋。

大家继续沉静了一会，坐在床沿上的说话了：

“唉！家里一直没有信来，以后……唉！”深长的叹了一口气。

“贷金呢？”坐在凳子上挑动一下烛心。

“贷金只够自己吃饭，可是，我的弟弟又来信催我寄钱。你说，怎么办？”

“……”

“现在我才体味到真正的生活滋味，唉！”

“应该要忍耐点。”

“忍耐点！”他突然抬起头来，“我想走这条路……”

外面的脚步声把话打断了。一会儿，走进两个人来，一个穿制服的手里拏着电棒，另外一个穿着蓝布大褂；跟着他们点头之后，便走进北端的一张床上坐下了。

“你家里有消息吗？”他说着捩亮了电棒，搜索地上的东西，随即又熄了。

“没有。”

“生活成问题吗？”

“吃饭有贷金，不过……”他停止了一会，“我有点想家。”

电棒又亮了，对方眼眶里含有晶莹的泪光，又黑了。

“××，理智一点，我们都是无家可归的人。”

“……”

坐在烛光前面的两个人，谈话声逐渐降低了。

“我看很危险，腊成的东西跟昆明一样贵，而且对你的学业也有影响。”

“不，我想在暑假里干，到金华也许到广州湾。”

“钱呢？”

“现在准备集资。”

“不过，这会坏了你念书的心。”

“我已经决定了，”他站起来，吹灭了洋蜡，“念书的问题以后再说。”

他们走出了宿舍。空气又沉静了一会，电棒捩亮了，狠狠的向四周划了一下。

“我想到缅甸去跑一趟。”穿大褂的忽然开朗起来。

“干吗？”

“跟军队跑一跑，我想总比念书有趣味。”

“可是军队生活非常苦，你的身体恐怕吃不消。”

“也好，让自己锻炼锻炼。”

“你决定了吗？”

“是。”

十、朝那条路走

外界的刺激在人体上所引起的感应并不是一种持久的延续，特别对于在后方生活得太长久的人。距离来栖和野村最后的一次含笑走出白宫到现在，差不多快六个月了。过去一切的激愤在身上所引起的反应也逐渐开始减退。

三大学华侨同学会筹备的赈济归侨游艺大会，最近因为钱的问题无法解决，便搁置了。主席在联合会议席上愤愤的报告筹备的经过，听说本来有些人已答应慨捐一千元作筹备的经费，可是他们却中途忽然变卦。另外有一位华贵小姐也答应愿意帮忙，甚至还可以粉墨登场，而她也曾在讲台上用极激愤的演词为一些在途中颠沛流离的归侨呼吁。可是等到有人到城外富丽的寓所中请求她出来帮忙时，她便用晚间回来不便一话，推得干干净净。

大家辛辛苦苦的干了一个多月，结果换得了无限的失望与愤怒。

在学校里念书的同学，吃饭的问题已经由贷金解决了。有一二位同学接到香港的家信，家人倖告平安。其他南洋沦陷的区域，到现在还是音信杳然。

除吃饭之外，平日零用难费的来源问题随时在华侨同学的脑子里萦绕着。每人的感情不同，人生观不同，受教育的机会不同，实际生活经验不同，于是产生了各种不同的路线。

有些人在课余已觅得了校外的工作，这种工作都是属于轻易的，如家庭教师、下半天工作的职员……等激每月由二百元到五百元的薪水。有些人因为感情过于冲，为了解决自己的生活问题，竟借故呈请学校休学，低头走进工厂或百货公司去了。

有些人早已厌恶学校生活，但始终不忍离去。战争对于他是一种无谓的牺牲，于是他便走上谈轻而易举的生意经去了。

有些人有点厌倦学校生活，而觉得战地工作比它更有意义，于是毅然的参加了战地服务团，有的早已开赴前线去了。

还有些人，说起来虽然百分比极低极低，但是，我们是不能忽略的，那些是完全麻木的人，生活上一切的波涛对于他是毫无反应，他们有时很悠闲的抽着上好的香烟，在袅袅上升的白雾里，绞心的盘算着如何向一些同学挂这无债据的账，如何找些不花本钱的麻将打打，毕业对于这些人要求得最迫切。四年的学校生活如在地下室中摸索着，有一天算一天。天大的事临头了，管他妈的！

对于后者，我们不敢臆想他们的前途，顶多只有喟然叹曰：

“呜呼！”

民国三十一年五月于昆明

选自《华侨生活》一九四二年第二卷第一期

// 联大生活的一个侧面

季光藏

近来意兴阑珊，难得写信，常累故人远念，此中道理，欲说又罢。今晚卧房孤寂，灯火如豆，屋外夜风撼户，格格生声，此情宛如《聊斋志异》中光景，谈鬼乏良友，权与君略抒积怀。

中秋后，校中“山海云”剧社筹备《家》的演出，排戏远在暑假里便开始，但几次困于人事，到十月初方得上演。我被拉去后台帮忙化装，为了兴趣问题，我答应了，正是过了十天的剧场生活，每天晚上二三点钟睡，早晨还起来上课，有些课根本不上，用睡觉代替了。戏的演出是失败了，且不值一谈，为一个中学筹款结果恐怕赔了几万的样子。一个戏的演出真非易事，有许许多多意想不到的问题，前后台近百人，每天吃一顿晚饭，还有点心，即需五六千，至于女演员撒娇脾气还是小事。我所化装的是一个女的，演婉儿，人不高，而胖，中文系三年级，很聪明。相处十日，不无感情，但结果只是自讨苦恼而已，这里不必细说，影响我的生活甚大，作为一种经验也好。我之所以两个月不写信，这是一个原因，当然我并没给“她”写信，只是说不出的烦闷而已。

十月二日开始演戏，而十月一日，却在校中出了一个壁报《文艺》。这事与演戏无关，只是两件事刚凑在一起。这壁报定半月一期，由我与一个朋友共同负责，每期约一万字左右，所以戏演完，便须筹出第二期。第二期出时那朋友因割盲肠炎进医院，我一个人拉稿抄写忙了一阵。朋友病好得快，出院后一次谈话，决定出一个《家》的特辑。本想写一篇论“结构”的文章，这时又担任写一篇剧评，朋友写一篇《曹禺的写作方法》，另外俺一个朋友赶一篇《论家的社会意识》。大概化了两天的时间，又把它送了出去。一般人的印象还不坏，且有人觉得我的《论家的结构及其他》非常不错而想抄录的。“特刊”与第二期相隔一周，又过了一周出第三期，逢校庆，但未有特刊出来，仅写一短文以表征意。之后逢到月考，考的结果自己对自己大大失望，竟不想读书了。

这时有一队演剧宣传队到昆明（不久后将演《蜕变》），看到他们那批人多物质虽苦而精神快乐的生活，不觉非常向往。他们住在学校隔壁，早晨练习唱歌，唱的不错。晚间我经过时，听见提琴声音，非常凄凉而抑郁，一时的感情如听见《锦绣山河》中的“鸽子歌”一样，但觉得难过而已。人的情感太复杂，而运用文字的能力又太薄弱，不觉悲哀。现在三十三个队员已搬到另一个地方去了，大概专门在从事排练吧。

三四星期前为了请某种奖学金而写了一篇六千字的《战事与中国之大学生活》。明知奖学金无希望，名额少，好的人多，却又不得不写，这心境也是怪苦的。昨天为了此事被叫去谈话，一谈话，我的毛病来了，我是说话更拙于写文的，希望更少了。壁报第五期又送了出去，是诗专号，化时较少。今年联大壁报太多，已达十个（去年只有一二个不定期的），热闹煞人。

从政在乐山，来信说起那边情形，说曾寄一篇稿子给当地的《诚报》副刊，编者将原文中的 GONE WITH THE WIND 擅自译为“与风去”，可见这位先生（武大毕业生）不曾注意到书店里放得很久的译本《飘》，更不知道日译本有《随风而去》这一本书，真是太不见世面了。其实上面二个译名也没尽善，盖于内容不切也。忆民初说部中有《红粉劫》者，倒是一个现成的名字，俗得可爱，不然便译为“萍水草”，但又太像诗集的题名了，难，难。又云乐山武汉大学的学生程度太差，所作文字似高中一二年级的东西，教授们常寻个开心，将卷子贴在黑板上，标题称之“奇文共赏”。学生们当然非常不平，认为此举侮辱青年。实说现今大学教授专论资格与学历，而不以教导为前提，也是可悲的现象。

邻室有一位同学爱拉提琴，拉得不高明，但我也很喜欢。有时他邀我去听他拉，我常常心不在焉。他拉的调子我都不懂，但当他拉完最后的一长弓的时候，我倒很欣赏。我爱这一刻的沉默，你可怜我吗？

你问我有什么东西送给你吗？我倒不好意思说“哦，我忘了，本来倒是这样或是那样给你的。”写到这儿，想起陶弘景的一首诗：山中何所有，岭上多白云；只可自怡乐，不堪持赠君。

昆明市郊并无高山，只是小丘陵上筑着不少中古风味的碉堡，立在蓝得叫人发愁的天幕前，有一朵朵白云飘过，闲时看看倒亦颇有诗意而已。

选自《一般》一九四四年第二期

// 给来联大的同学

——联大一年级同学在昆明

李　西

这幽美的境地布置了我们的宿舍

在昆明西郊，一大方的庄园，被密接的围墙包围着，前面倚贴着环城马路，后面就紧接着滇池渗进来的小湖，橙黄色的高楼，宽敞的草坪，苍绿的阔叶树随风激动而扑扑地响。站在大楼上，望着夕阳投进昆明湖，映红了湖水，泛起千条金鳞，瑰丽的西山，耸立在湖畔，这幽美的境地，布置了我们的宿舍、课堂。这是省立昆华中学的新建校舍。昆中为了疏散缘故，搬到旁的地方，我们却幸运地搬进了新址——新昆中——离校本部也只一公里。

"新昆中"汇集着八百多青年伙伴，来自不同的角落，有的在敌后方打过游击，有着丰富的经验，为着进一步学习，又回到学校；有的抛弃了殖民地教育，从海外踏进亲切的国门……都带着一颗炽热的心，进入联大，安顿了疲困的行脚，教官发一张入舍证，就可找到舒适的床位。几天后，那陌生的脸，生疏的语句，也渐渐地熟习了。

我们的宿舍占据了一座楼房，四十多人一室，因为自修不在寝室中，所以并不觉得那么挤。电灯雪亮地照耀着那白垩的楼板，在义驿站上，将滞留一年，在夜晚，风声刮进那纸糊的窗，袭来一阵寒意，可是终感觉着，劳顿的灵魂，也得到慰藉，乌黑淹没了寝室，那酣适的睡眠中，什么思念都消失了。

初到昆明，四十元一月的伙食，打牙祭也花不了几个钱，但是在去年十一月间，米价的飞涨，真像公路上里程碑那样倒下。白米饭，白米饭带红米，红米饭，随着米颜色程度的悦目，贷金由四十,六十,七十五，最近要超过百元了。在“昆明物价平抑”，像这里风季的风，扬起一阵灰刮过，而“囤积”“居奇”却以风里的砂土，沉积下来。米价涨，旁的物价紧跟在后面。我们一天二餐，在上午十一时前一节课，在我们头脑里，老是盘算着“赶紧下课，跑饭厅，抢饭”。朋友，听到“抢饭”，你或许要笑，这些年轻人，说得正经，里面好多同学是早做爸爸了。对这“抢饭”的训练，也学得不少门路。厨房门刚开一扇，七八步前早有了埋伏；伙夫把饭抬出，我们的手神经地早伸进饭桶，伙夫也气呼呼地挤在中间。“抢饭”，说它是喜剧吧！就这样立刻表演了！幸亏女同学有她们独立的膳团，像这样营养既无，还处处出卖费力气的场合，是难碰到的。不过，“抢”在联大似乎变得很平淡的一件事。“抢饭”“抢水”“图书馆抢书”“抢定点饭”……“抢”的场合真多着咧。

这些使你觉得读书实是一件乐事

在昆明，四季皆春的良好气候，玩西山，大观楼，昆明湖中轻舟一叶，都使你神往。或者，拿一本诗集，躺在宿舍前柔美的草地上，吟咏那轻快的诗节，金黄色的阳光，洒落在你周围，悠悠的白云，像一群绵羊似的放牧在草原上，这云贵高原上独特的昆明良好气候，在那优美环境下，这些使你觉得读书实是一件乐事。未来联大前，据说联大混学分，并不难。朋友！假使要来联大混，这梦幻暂让它化为烟吧！一年级同学进联大就英文能力编组，题目不难，作文、文法都要考，如果考得坏，也不会降先修班。提起英文，就顺便谈谈联大大一英文。

联大的英文共六个学分，每星期却有三小时，二小时英作文，读本全用英语教授，教员一进门来就是能 A、B、C、D、……一直到摇铃，不管学生听得懂，听不懂，所以学生在上课前，非准备不行。英作文每星期要做，当场交卷（五十分钟）。到大考终了，每个人最愁急的就是英文，当成绩公布时，不及格的有三分之一以上，五十九分也有上几打。国文就比较便当，课本有文言，有白话，其中作文限定写白话文。朋友！你不要认为白话文就可随便敷衍了，在这里，白话文的水准也提得很高。

至于工学院的物理、微积分，读工学院同学除掉化工系比较化学重于物理外，对这二门功课都有些“望而生畏”，入院资格是物理、微积分，每门要七十分，否则，留级，转院。可是平时加些油，多做做习题，也不难及格。当然，想图侥幸，不费脑经，任何事也不会这样容易地过去。

在联大，读教授指定参考书是很重要的，一年级同学也不例外。小考时候，终会有一二门题在书本上的，所以光读笔记，也只有一及格分数。

这里成绩计算是以一学年为单位。第一学期假使全部不及格（当然，不会有这样事），第二学期努力加油，全部平均及格，仍能升级。可是这里不及格，却没有补考，五十九分也可说就是零分。第二学期结束，成绩不及格的超过所选学分二分之一即开除学籍，三分之一以上留级重读。初进联大的新同学有上七八百人，到二年级就只有五六百了。当然，上课多留神些，那末，也用不到“五年计划”。朋友！希望你踏进大学之门，一帆风顺。

你或许也想听一些这里同学活力的表现吧

你或许也想听一些这里同学活力的表现吧！这，我也是急迫地向你报告的。跑进“新昆中”，在壁报栏内，能见到各种壁报，综合性的，文艺性的，在这上面，有的反映出我们的生活，有的也可看出青年人如何关心抗战建国中各项问题，有的则正努力于抗战文艺的创作……步伐是整齐的，一致的，对脓疮大胆地揭破，对嫩芽细心地爱护，我们跟随着老大哥们，他们前进一步，我们紧跟一步，在各种团体中，在工作中，大一同学常表现出良好的精神。

天天在书本上啃，也是枯寂的。在联大一星期中，却有不少精彩的学术讲演，可调剂那寂寥的生活。像在寒假中，青年团和“当代评论”社合办的《战后建设问题十四讲》，聘请校内教授对于战后建设、战后的世界与中国、国民思想心理、社会、教育、政治、经济、财政、金融、国防工业，有详细的剖析。至于平时，各学会，各研究团体，常举办有系统的学术讲演，我们大一同学在四年中可获得不少丰富的学识。

选自《学生之友》一九四二年六月一日 第四卷第五、六期

// 怀念中的西南联大

郑临川

西南联大的茅屋校舍，鸽子笼式的，建筑在昆明大西门外一道公路的旁边，被一层每到雨季必坍塌一部分的黑色土墙围绕住，本是大的坟地削平起来的，所以茅屋的附近，往往点缀着不少成行成列的撑天柏树，雨夜萧然，便是月夜，也显得相当的阴森。屋子，一律用土黏合筑成，几根木料竖作柱子，上面覆盖茅草。两头是通门，门口墙写上阿拉伯的字号，白色的左右壁上分划成好些个窗户，用木条直隔着。每间屋子是独立的，纵横排列，不下四十余间，宿舍、浴室、储藏室，都在这里。延着长春藤或牵牛之类的野草。有的绿到窗缘，夏天最好看了。

雨季，风季，是昆明特有的气候，给这些茅屋书生的打击也不小，一年一度的。在风雨季中，我们体验过老杜《茅屋为秋风所破歌》里所描写的境界，谁说文学不需要实验呢？特别半夜，狂风暴雨，几乎连屋也会给卷走似的。同学们都被惊醒，到处是“的搭的搭”的屋漏声。于是抱怨的抱怨，搬床的搬床，忙了个大半晚，睡下不久，又发现了漏洞，又怨，又搬，这种生活一直要继续好几个月，好几年。早晨起床，第一个困难是去浴室的路被雨浸坏，尺多深的泥浆，不是把脚陷得很深，便是滑的很远，使人一步一停，再活泼也没有用，如旧日妇女移动金莲那末艰难。到饭厅，到图书馆，到课堂，全是这样的路，在雨季。

自然，这种地方也有这种地方的乐趣。住久一点，同学们便发挥了各人的创造天才。我记起十八舍同人培植的那一方花园，在十八与十七两舍中间的荒地，画图样，买花种，掘泥土，都是同学们轮流的出钱，出力，出汗。不到半亩的小地，居然有秩序的种下了芍药、德国兰（二十多种）、玉簪花、鸡冠、牡丹，红绿黄各色的小菊花，最多的是晚香玉。夏日傍晚，带了书卷，或跟几个同学去到花园的草地上坐下聊天，清香一缕一缕的游过来，自晚香玉的花心、花朵张开像白色的小喇木，使人精神怡悦，如听到圣天使的歌声。

这些茅屋是美丽的，可爱的，当它们出现在照片或每个人回忆的印象中的时候。最深的印象是在几个风雨深夜，我从校外回到宿舍，见好些间屋子还闪烁着灯光，顺便从窗口望进去，便看见一只土蜡，或一盏油灯，点在杂乱的书桌上，有一个或两个同学正在赶做夜课，他们的服装和面目也许显得邋遢，而工作的严肃的紧张却深深使我感动，他们自己何尝知道。这是战时大学精神的表现，也是民族生机的核心，不是一般人所能看得出，只有从抗敌日渐接近胜利铁一般的事实中把他们换一个方式表现出来。

有一次滇西吃紧，过路的国军匆匆赶上前线，忽然逃掉几个挑夫，到处搜查，竟把几个同学误抓了去，经学校力保才被释放。从这个故事里，人们一向对于联大学生的阔绰放纵的观念，应该重新考虑吧。要不然几个衣冠楚楚的学生，绝不会闹出跟挑夫不分而被抓去的滑稽剧。

也有人曾经拿“坐茶馆”跟“谈女人”摆在一起，引为对昆明学生的深忧，到重庆以后我才了然于作者误会的原因，打消了心底的抗议。拿重庆的茶馆来推想昆明，显然闹了“秀才不出门”的笑话，何况，昆明一般的茶馆跟应学校而产生的茶馆又是两样。联大附近的茶馆区，是从凤翥街，到龙翔街，以至钱局街一带，大小五十余家。这是一些变相的图书馆（我们三千多学生的学校，却只有容下一千多人的图书馆），只有晚饭前后是例外。它没有像重庆茶铺这么的安乐靠椅，睡椅，而且还有一种特别的作风。每家茶馆的电灯特别多，特别亮，阔气一点的还陈列得几份大报和英文杂志，客人坐上七八个钟头，绝不另眼看待，出出进进的人们，都挟着一堆要做的功课，等天色完全昏暗，笑谈渐渐中止，一种习惯法管制了大家的行动，不是看书，便是写作，跟在图书馆一样，如果陌生人偶然不懂规矩闯了进去，那末“嘫！嘫！”的声音会警告他得知趣些，因此，附近的居民都不大肯来泡茶，让青一色的学生给包办着。离开学校以后，在曲靖等车，整天无聊，拿着几本小说到城内一家茶馆坐读，只过了一个下午，第二天去的时候，老板娘带笑给我这末的讽刺："都像你先生这样，我们的茶馆也不用开了。"

此外，几位先生在困苦的生活中表现了读书人的气节，从行动上给青年有力的启示。

"不，谁说是日本人厉害，他的炸弹愈多，反把我这弱不禁风的人精神兴奋起来。也不用人扶，我自己去赶拥挤的火车，决不旷一堂课。"这是刘叔雅先生在轰炸最多时期的壮语，"本来，我身体这末坏，从北平赶到昆明，轰炸的灾难，也许有一天会落在我的身上，趁着还有一口气，我要把平生这一点点文化宝藏分给你们，只要中国文化存在，中国是不会亡的，我相信！"多么有力的教训呵，不是有血性，有自信的先生绝不能这末感动人，被人长久的怀念。

汤用彤先生卖了旧皮袄以后说："以后不用想离开云南了，冬天没法过呀！"他谢绝好几次出国讲学的机会，坚决的守在后方，不到胜利绝不出去，哲人不问国事的庸俗评论，汤先生是以行为作了有力的反驳。还有讲西洋哲学史和美学的冯文潜先生，我永远忘不了警报来时，他带着夫人和七八个儿女，背着，牵着，年纪大一点的也帮忙带着衣服，被包，那一幅奔忙、逃命的惨状，可是课堂里他坐得稳稳地，静静地，讲起希腊时代的哲人往事，那末悠然神往，使学生们走到另一个世界，安详的态度，完全像静水湖底的明月，飘闪着圣洁的清辉。

三十年的寒假，上龙头村住了半个月，为的是论文导师罗膺中、闻一多两先生都住在那边。这个极小的乡镇，离昆明二十多华里，联大的先生们大部分在此居住。为了避免空袭，每礼拜上城教书，都是赶路上去，爬着高低不平的小路。我第一次走，跑的汗流浃背，有点儿疲乏，先生们却爬了四年了，每礼拜两次，我感觉惭愧。借住在闻先生家里——清华文科研究所的楼下——发现先生惊人的用功，每晚十二时才睡，早上六点钟便起，除了吃饭，很少下楼，离开他的书桌。平日听先生讲楚辞，说唐诗，那末痛快，轻松，似乎都是从灵感中来，这时才知道先生的学问还是像中世纪的苦行僧修炼得来的呵！半个月先生给我行为的启示，比四年任何的讲义都有价值，有力量。罗先生的家，低矮得连人进去也伸不了头，光线那末暗淡，桌上陈列着《四史》和《资治通鉴》。"这是唯一的财产。"先生满意的告诉我。那时候先生正忙于《九歌》的考证，准备有一个集体的盛大的学术讲演。也是整日家的蛰伏在那间小楼房里。让文化遗产的阳光温暖着那寂寞而高贵的灵魂。

选自《中国青年》一九四三年第八卷第六期

// 在西南联大

杨承祖

……我近来心境非常不好，所以不常写信，怕一提笔又要带起许多牢骚。可是，你不要怀疑，我的心境不好，或者说大多数人心境不好，决不是为了考试落第，或者桃色纠纷，我们这儿是没有这些烦恼的。在西南联大，大多数的同学的心境都和我一样。告诉你，这是吃饭问题。吃饭也成了问题，而且使大多数人都深感痛苦，其严重也就可想而知。

提起吃饭问题，你也许会奇怪，该不算什么大问题的。而且，你一定也常听人说，内地各大学都供给膳宿的，似乎更不成为问题。不过，供给膳宿是有条件的，从上海来的同学（或者家在上海的同学）才能享受到这种权利，家住在内地的人（不管是不是住在昆明）还是要缴钱的，一个月吃下来，数目可真不少。

我才来昆明时，是在二十九年，那时候每月的生活费用只须百元，就可比较舒适。然而，昆明的物价到现在为止，始终在涨的直线上，没有停留过多久。米价从四十元，七十元，一百,二百,五百,一千涨到现在两千多。我向家里要求汇款也从一百,五百,八百,一直增加。我明知道家里境况也并不顶好，但是节省总该有个限度，即使最低限度的生活费用，例如洗浴、剃头、洗衣服，都是经常的支出，而最大的还是吃。家不在内地的同学可以受到"暂欠"的优待，像我，家也在内地，就非得立刻付账不可了。

校里有食堂，价廉，物可不美，（因为是公米，每月可便宜一半）我也曾为了节省，到食堂里去包饭，吃了三天就退出，饭的颜色红黑交映，好看虽好看，但不能下咽，菜蔬更是一点油水都没有，一碗蔬菜。以前还是两顿稀饭，一顿干饭。现在一天三顿都是薄粥，渗一点包谷，吃了还不到两个钟点，肚里就打电话来了。

因此，在昆明的学生，（别的学校当然也如此）差不多都是面黄肌瘦，患着各种的疾病。吃饭第一成了我们的口号。

在西南联大，第二个最普遍的现象是穷。此地没有上海的大学生那样阔绰，用一块钱都是斤斤较量的，有一位同学在此地的报纸副刊上发表一篇短文，拿到了廿五元的稿费（此地稿费也少得可怜）请同房间的同学大吃，被请的人都连呼"阔气阔气"，艳羡不已。

"穷"的最显著的表现是衣着，像上海那些大学里的西装革履或是最新式的服装的大学生，在西南联大是绝无仅有的。

此处所谓“仅有”，是指那批要人们的少爷小姐而言。太平洋战事发生前，这批少爷小姐的服装常是从香港由飞机运来的，最新奇最华丽的样子。不过，这究竟是百分之四五而已，大多数的同学都是长衫一件，即使有穿西装的，也是旧不堪言，有如上海那些犹太人和白俄身上的衣服。一件衣服上补了十七八个补钉是毫不稀奇的事。鞋子也是零落不堪，有一时期有人提倡穿草鞋，也着实风行一些时候，到现在也还有人还穿着。

许多同学因为家在远处，汇款不通，生活费用只好自己设法。因此有一些同学在课余从事小本的生产工作，有人在校门口开了一爿馄饨店，生意也还不错。有一回，教育部长陈立夫先生到西南联大来训话，并提到教育当局正在筹划救济学生，演讲完毕出门上汽车的时候，在校门口给那爿馄饨店的主人拦住，说：“请陈部长尝尝我们同学亲手做的馄饨店的味道，并且可以打对折，不收小账。”结果使得那位刚说过要救济学生的教育部长啼笑皆非。

提到读书精神，我们这里是好的。战前北方的一些名教授，差不多都在西南联大，（你知道，西南联大原是由清华、南开，北大等几个北方大学组织的。）虽然，有些教授已经学而优则仕，踏上政治舞台。有些则弃笔从商。例如有一位颇负盛名的经济学教授现在经营药业，已一变而为大腹贾。仍旧操着教鞭的当然也还有，辛辛苦苦地编讲义，跑山路。我们这里是不大用书本，什么都是讲义。

功课非常紧。在这一点上，还没脱当年的风格，也是使西南联大在内地的许多大学中享盛名的主要原因。虽是在异常艰苦的物质条件下，读书的精神，研究的风气，从没因此衰落，相反地只有更加提高。课余之暇，到处可以看到一群衣衫褴褛的年青人聚在一起，别瞧他们像一群叫化子，也许他们在讨论希腊悲剧或者什么机械上的一个题目呢！

昆明的风景很好，假期里到城外去逛逛，真是一件愉快的事。到这时候，我们就会将在校里的一切烦恼都忘记得干干净净了。……

选自《莘莘》一九四五年第一期

// 记忆中的西南联大

南 山

朋友，你要我为你说一点“联大”的事情；得！但要说的太多，真像一部《二十四史》，不知怎么开头才成。你说，不打紧，专拣有趣的谈。咱口才不灵，说得不中听，还得请你包涵着点。

咱可不带吹，这几年在西南一带，提起“联大”，谁个不晓。每年夏天，逢着入学考试，那回不是几千几万在试着碰运气；谁都盼望着能在它里面插个足，那意思仿佛一旦在“联大”挂了名，就像脸上凭空抹上多少金彩似地。但“联大”有限的名额，当事者虽然抱着尽量容纳的宗旨，仍有无数人被摈在学府之外。但那批人不灰心，仍是直着颈项期待着，他们想明年总该老天爷帮忙，失望总不会失到底。

说起“联大”前身，你大概也听说过，它是由“北大”“清华”及“南开”合组而成的，这三个学校具有悠久历史。翻开中国近数十年的记载，各界的名人有多少是从这里面培植而成的。战前，这三校拥有第一流的教授，具有第一流的设备，它们在性格上或者具有独特之风，但都曾在学术界放过异彩。

战事初起时，三校曾一度在长沙合组临时大学，但随着战事之转移，不得不再度乔迁。从湘迁滇时，所有员生曾分作两部：有的为着多得一点实际经验结伴经黔省徒步至昆明，足着草履，提一把雨伞，背着行囊，真所谓：浩浩荡荡，好一幅万里长征的英勇画面。但也有一部份人，因为耐不得劳苦，而经桂越再乘火车至昆明。总计迁移因沿途耽搁，为时凡三月之久，抵达昆明时正是廿七年春天，山城里突然来了这批学子，颇为古老的城垣里注射了一层新的活力。那批带着昏花眼镜本地的老头子，眯着眼注视着这一批外来的青年，眼色里微微露着惊异、不安。从此街头巷尾多了一批穿黄布制服的年青人，他们从外面带进了一些新的空气，一些新的生活习惯，本是静谧的山城，于是有了点骚动；正像一个腐朽的老者，现在又觉得年青了。

“联大”的名称是到昆明以后才正式定名的。第一次开学在四月间，当时因为校舍不敷，文学院暂在蒙自授课，工学院则择定昆明东城四川会馆作为院址，其他学院则在西城外，弄得七零八落，支离破碎。不过大本营在西城，一切校务进行均在此处讨论。不久，也合该是“联大”的运气，当时昆明时遭轰炸，胆小的朋友均纷纷往乡区疏散；昆明本地原有各中学亦相继遵令迁移，这末一来，凭空多了好些房子。“联大”是历经枪林弹雨的，不在乎，人家走，乐得占个窠。昆明原有几所省立中学如“昆农”“昆工”“昆华”，均集中在西门附近；该校舍虽然够不上说宏伟，但倒也是崭新的洋房，对付得过。“联大”当局有意好好来一番整顿，半年的颠沛流离，于校务进展颇受影响，现在既然校舍较为宽裕些，当然还是集中在一处的好。当年夏天，决定将文学院由蒙自迁回；至于原有在四川会馆的工学院，因为在一切上已稍具规模，故仍留原处，不过只限二三四年级，一年级新生仍在本部上课。“联大”经种种擘划及改进，至此在一切上方才正式安定下来。

“联大”的组成因为包括“清华”“北大”“南开”三校，所以内部份子也特别复杂。“清华”的学号用英文字母 T 代表，“北大”用 P，“南开”用 N。除这三个基本队伍外，在昆明“统一招生”录取的学生一概为“联”字号，其他尚有“借”字号，“试”字号；或者为借读，或者为试读，真所谓洋洋大观。因为有如此身份之不同，所以内部情形不免时有龃龉，就譬如 T 字号的学生，总以为是高人一等。本来嘛，过去作一个“清华”学生谁不羡慕。但“北大”P 字号及“南开”N 字号的学生又何尝甘居人下。话说穿了，谁的母校不是全国佼佼者，谁都有悠久之历史，你“清华”工学院棒，咱“北大”的文学院，“南开”的经济系也是全国首屈一指啊！其实谁也不必想在谁面前充神气。只有“联”字号因为年份的关系，矮人一级；你再好，在老大哥面前也总是小弟弟啊！其他“试”字、“借”字的学生更不用提；咱今日权且收容，不过因为面子账，看你可怜，要想喧宾夺主，就一脚给你踢出去。

“联大”的学生初来昆明时，不免有落寞之感。人总是人，离家千里，谁都不免兴起故园之思。他们大都是在北国生长大的，在那里有着他们过去的哀愁与欢乐，那里有着他们亲爱的爷娘，他们的童年是在那儿打发过去的，由小学而中学而大学；于是炮火来了，他们不得不恋恋不舍地离开自己的家园；于是走万里路，流浪到这迢远的边疆城市里。大伙儿在一块谈起，真是不免有今昔之感，过去的日子是甜蜜的，梦里也许还闪过故都的影子，他们曾记忆起秀丽的“水木清华”来。“北大”的学生也许会怀念起沙滩的“红楼”，课余之暇，在附近小食铺里尽量吃个饱，去琉璃厂闲逛，旧书店里踱个下午，那些都变得辽远辽远无从捉摸了。“南开”的学生也许会忆起八里台的宏伟建筑来。“南开”在运动方面是全国闻名的，“南开五虎将”那种盛况至今也永远只能作为闲谈的资料了。一切都远了，远得摸不着边，现在是踽处在偏僻的小城里。傍晚几个朋友在小酒铺里买个醉，疲乏的眼色里划着红丝，故园之梦在各人脑筋里抽开去；倦了，于是回到那个古老像庙宇的宿舍里，倒头睡着；半夜醒来，从窗洞里漏进的月色，依稀看见屋顶积满的蛛网，摸一摸铺板，阴冷，枕边的布面上已经湿了大片。

但年青人是会得顺应新环境的，日子长了，他们的记忆慢慢变得麻木起来，睁开眼瞧瞧眼前的一切，也感着无穷兴味。昆明的天气真不坏，一年到头总像阳春三月天，冬天不冷，夏天不热，人家说住久了，是会得叫人慵懒下去的。仲春季节，街上到处迷漫着黄沙，卷起丈把高，西城外的马路上一片灰濛，不时有一二队骡群寂寞地闪过，这使人有点想起家园来：故都有西山，这里也有西山；假日骑一匹毛驴，听铃声叮叮当当地颤动着，看来往的村妇打扮得俊俏俏，揹着竹筐往城里去，沿途风景绮丽，满山繁花点缀，这也自有其风味。西山面临昆明湖，波涛万顷，好一片湖光山色。昆明可游玩的地方多得不胜枚举，城里有圆通公园、翠湖，郊外去大观楼划船，去黑龙潭赶庙会。再说吃的也应有尽有，故都有西来顺，这里东门坡的牛肉馆也是众所赞誉；故都有赛白梨，有酸梅汤，这里有米线，饵块；你瞧云南人说话多客气，开口“你家”，闭门“你家”，见了面打恭作揖，来不及的裂着嘴说一声“你家请好好呢。”话说叉了嘴，似乎与本题无关，我的意思也许是说，你看这批学生初来时也许愁眉不展地，但现在也都适应着新环境，过日子又满副精神了。

“清华”的学生向来是以少爷公子派出名的，迁滇后虽说较以前朴素，但是比较之下，气派上仍是浮华得多，这正像一个落寞的富家子弟，虽然遭遇苦难，然而从眉目气宇及服著上仍能看出旧时的豪华来。“联大”各校学生极易区别，穿得好点的，大都是“清华”出身，他们的嘴边时常挂着些洋文，爱举行茶会、交女朋友、在图书馆里总是一本布面烫金原版书，这样的形容其实也不见得准确，我所说的只不过是比较的。按说工学院的学生，就朴质得多。“北大”的学生一身老气横秋，有股寒酸劲，一袭蓝布大褂，胡子留得多长，满头乱发，在图书馆里一坐半天，面前堆着一大叠古本线装书，一边玩味着书之棱角，一边暖声吟味着，摇着头，好似有着说不出的兴味。他们不大爱活动，一副书生本色，有些钱的时候也许去小铺里喝点酒什么的。“南开”的学生最活泼，成天嘻嘻哈哈，一件皮外套，一条蓝布裤，脸上总是容光焕发，浑身肌肉饱满，爱运动，什么足篮排及棒球都来得。要说演戏，剧团里十个里有七八个是“南开”出身。爱玩音乐，开起游艺会来，一切表演得数“南开”，其他两校只能干瞪着眼看人家出风头。再说每年什么运动比赛，也非“南开”莫属。南开的学生不能有闲空，闲得久了，似乎浑身都发酸不自在，没事也得寻点事；爱打架，似乎不这样，肌肉有气力就没处使；上街买东西，同伙计一言不合，便桌子一拍，“她妈的！”拳头一挥，就想动手。要是你甘认输，道歉陪小心也就算了。要不，南开的哥们可谁也不怕。有一回因为在饭铺吃饭，同“云大”学生闹了一场全武行，“云大”的学生也是不服硬的家伙，这边“南开”的哥们则以为可以大显身手，真所谓旗鼓相当，事情闹得很大，要不从中调解，怕真要闹一齣流血惨剧呢。

我说了好些关于“清华”“北大”“南开”的故事，但你也许要问我遗漏了点什么。我可差一点给忘了，作为“小弟弟”的“联”字号学生，我还没提起，“联”字号虽然年龄最幼，但人数最多，“联”字号的学生不限一年级新生，慢慢高年级亦有，许多“借”字号“试”字号的学生读得长了，经甄别试验后即可改为正式生。“联”字号的学生包罗万象，论起省籍来，几乎每省都有，只要看墙上的红条布告，今儿华北学生闹同乡会，明儿两广也不甘示弱。大致说来，仍以北方人居多数，两广及江浙次之，其他边疆各省应有尽有。“联大”学生中有蒙古王女，也有滇边土司。我在那儿读书的时候，政治系有个英国学生，其他尚有安南人等，这些构成份子虽然复杂，但对外仍是拢统一体。“借”字号的学生群中也花样翻多，今儿来了个广西大学皇后，明儿又来个中山大学皇后，加上原有的“清华”“北大”“南开”皇后，于是再东宫西宫，男学生们像一窝蜂彼此你争我夺，在恋爱场上大显身手。每年开学时，各团体照例有欢迎新同学大会，“清华”的“拖尸”（Toss）遗风虽已不甚流行，但热烈情况仍是如火如荼，今天有球赛，明天有音乐大会，新学生一入其境，犹如身入大观园，不知其所以然。有政治野心的同学，今儿这个同你谈“三青”，明儿另一个人同你谈“民先”，你办壁报，他组剧团，“联大”学生会成立时，选举主席用“民选制”，各方面大拉其人，这个演讲，那个写一篇论文驳斥，明争暗斗，我想美国选总统也不过如此。

咱现在同你谈谈“联大”教授的情形，你听着也许会感兴趣的。“联大”教授太多，每一系总有十数人，加上讲师助教等全体不下四五百人，这数目够显得伟大的。要在这仅有短短的篇幅中刻划那么多人物，那是够困难的，我只拉杂地说，扯到那里就是那里。其实我还忘了告诉你一件事，“联大”的校长采取委员制，即由原有三校校长蒋梦麟、梅贻琦、张伯苓三人共同负责担任，名义上是这么说，但实际上校务多半由梅校长负责，他是个矮胖的人物，不擅词令。蒋梦麟时常来校办公，他过去曾一度做过教育部长，有部黑牌汽车，他的职务多半是在对外交涉上。当时云南教育厅长因为也是北大毕业生，所以在地方上各方面给予很多协力。蒋梦麟似乎是南方人，很瘦弱，架着一副眼镜，他不时在周会中作一些简短的训话，但声音闇弱，不大为人注意。张伯苓常常川驻在重庆，同时兼任参政会副议长，但每年也不时来昆明跑跑。他像所办“南开”造就人物一样，身材魁梧，典型的北方人，说话声音嘹亮，口齿清晰，他虽不大来校，然而经常与教育部作着紧密联系，一般学生对他印象甚好。

“联大”最初迁滇时，教务长一席由潘光旦担任，这位以提倡节育享名的一只腿教授，已早为读者所熟习，他对待人很和蔼，面容红光焕发，精神很好，时常拐着一支手杖，兴冲冲地提着公事包赶到学校去。后任为樊际昌，亦系心理学教授，他的办公室里成天老是挤满了人。他常是一壁批公事，一壁同学生谈话，他是以严厉著名的，在他手下曾经开除了几个学生，颇引起学生不满，执法如山，不少人将他比作活阎王，但他仍我行我素，一点不买账。

谈起“联大”，要说还是文学院教授最为整齐，文学院院长名义上仍是胡适之，其实自从他出任驻美大使以来，早就不干院政了。代理他的是有名的哲学家冯友兰，他在战后作了很多哲学新论。哲学本来是种深奥的东西，但经他用通俗的句子左证右辩，慢慢归结到他的理论里；他大概是河南人，样子很斯文，黧黑的脸上蓄着芜乱的胡子，他说话很低，但他的演说自有一种迷人处，哲学讲座能叫座，这也不大多见呢。

中国文学系人材济济，主任是朱自清。关于他，笔者曾作《记朱自清》一文，载上期本刊，此处不赘。“联大”一年级新生教国文，采取轮流制，各教授拣其所擅长之经籍讲授两三星期，这制度固然有缺点，但能使每人一睹所有教授的风采，也似乎是件极有意义的事。“联大”国文系教授大都西装革履，这也是他校不常有的事。除此以外，“联大”学生作文提倡做白话，文言文也可以做，但只限于课外，正式文卷根本不收，这恐怕又是那般卫道士者流要听了诧异的。不过“联大”国文教本倒是很深奥古老的东西，除了有一篇鲁迅的《狂人日记》作为点缀外，其他差不多都是关于唐汉秦以上的史论经籍。浦江清教课很卖力，也最生动；王了一上课有个脾气，喜欢将桌子直着摆，半面身子则倾斜倚在上面，他是国内有名的翻译家，对于法国文学的介绍更有不可磨灭的功绩，但他讲书并没甚精彩，随着他那迟缓平板的声调，很多人在不经意间踏入睡乡；他本人还是个文学者，在商务印书馆曾出过两本文学研究书籍，署名叫王力。国文系里尚有一个姓刘的老头子，叫什么名字可忘了，一副老学究模样，据说做过安徽大学校长，他对汉学造诣极深，带着一副老光眼镜，面容腊黄，上课时也不停地抽着烟卷，如其不晓得的人，真看不出他是位教授；不久听说他还被英国剑桥延聘为讲师。我还要提到闻一多，这个以《死水》成名的诗人，是个颇有风趣的人物，留着一嘴浓须，他虽然已上了年纪，然仍具有年青人的活泼气质，喜诙谐，很会说故事，还记得有一次大伙儿赴西山途中，他在船上指手划脚笑着，唱着，那次给予我以颇深刻的印象。还有陈梦家，看他的样子，我老想起一个没落的书香子弟，他的衣角老是漏出几个破洞，衣钮也从不想法扣好，生性落拓，教书也那么一贯吊而浪当作风。其余教授尚有余冠英，李嘉言，各人具有其独特的风格。

现在让我们看一看西洋文学系的阵容。叶公超学者风度，时有著作发表，前几年沪上出版的《西洋文学》尚有其作品。钱锺书少年翩翩，精通英德法等文字，教书逸趣横生，只要读过他的《在人生边缘上》那本书的人，总会佩服他的天才横溢罢！以翻译易卜生戏剧著名的潘家洵，教书循循善诱。第二外国文方面，陈铨授德文，刘泽荣授俄文，前者逸事众多，所著《蓝蜻蜓》《红蜻蜓》得奖后，更是不可一世了。

我要说的人实在太多，像历史系的钱穆，雷海宗，教起书来真是头头是道，听的人无不暗暗拍手叫采。再如经济系的陈岱孙，化学系的曾昭抡，都是“联大”教授权威。曾昭抡是曾国藩的嫡孙，他不但精通理化，对戏剧亦颇爱好，还会写点小品文，封禾子主编《中央日报》副刊“平明”时，就时常有他的著作发表。在“联大”，还有个众所爱戴的人物，他是体育主任马约翰，在“清华”任职已二十余年，虽然满头白发，但强健一如少年，他遇到那批软弱不善运动的学生，老是爱那么亲热地拍一拍他的肩膀，说着："孩子，振作一点啊！"像翻杠子，跑长距离，他总领头，一年三百六十日，老像永不厌倦；从前孔夫子有徒三千，他教过的学生何止千万，每个经他训诲的学生是永不会忘记他的。

在"联大"，生活永不会感着厌倦，上课时各教授穿梭来去，搅得眼睛应接不暇。今儿政治系张佛泉发表一篇关于拉斯基的言论，明儿钱端升引用一套相反的学说。"联大"的学术研究空气特别浓厚，演讲会每礼拜总有好几次。但也时常有意气用事的，像法学家罗文幹一次为某问题发表意见，大家居然嗤之以鼻；陶希圣在"联大"曾作过三晚长篇演讲，题为《中国近百年来之外交史》，每次总是挤得满坑满谷，盛况空前。茅盾去新疆过滇时，亦曾作过数次演讲，好像是讨论什么伟大作品的问题；茅盾先生一口绍兴师爷话，他引用姚雪垠作《差半车麦稭》作例证，但说了半天，听众都不懂他说了点什么。演讲会定期的也不少，关于戏剧的，有陈铨，曹禺，林徽因主讲；文学方面的有沈从文，冰心；史学有孙毓棠，顾颉刚等；他们或者是本校教授，或者是外间邀请来的，学生可依照自己的旨趣去选择。

说到课外生活，玩意儿更多的是。你会演戏吗？在《前夜》里去一个角，不会也没关系，戏剧本该学习啊！你爱好音乐，那么有歌咏团，口琴队，管弦队。对文学发生兴趣吗？活动的机会多的是，西文方面的有老爷社（Esquie Club）、湖社

(Lake Club),写诗、散文都随便,定期有壁报出版,中文的纯文艺有《高原》,你别看它不上眼,多少《大公报》文艺副刊的稿子都是经萧乾从这儿转出去的呢。

这就是“联大”,在这里面生活的人们感着鼓舞,兴奋,他们随着自己的习性在各方面发展着,一种青春的向上心永远感染着他们。离开“联大”已经有几个年头了,回忆是甜蜜的,我怀念着“联大”,我更怀念着那批友爱的教授与同学们。

选自《春秋》一九四五年四月第二期

// 西南联大生活拾零

叶方恬

生活在联大的人总感到轻松，因为在自由空气里呼吸的人们不会感到沉闷和窒息的。联大自由的风气不仅表现在学术研究上，而且还表现在日常生活上。首先，谈到住，你可以约集若干稔友，组成一个大单位，然后以抽签的方式，决定住到那一间寝室去。每间寝室又分成若干小组，各小组之间还各自用布帷隔起来，形成一个更小的单位。如果高兴的话，你可以像葛天氏之民，和其他小组永不往来。但这是极少数的例外。一般同居住的同学们差不多都是比较亲密的。因此，每值饭后，大伙儿常聚在一起举行非正式的座谈会。你可以从天上谈到地下，从古谈到今，从东谈到西，从中谈到外，在这样的漫谈中，大家的情感便无形中得到了交流。如果你爱好音乐，你可以拉起梵哑铃，随意地奏出小夜曲，月光曲，或哼哼京调，让你紧张的情绪得到一刻的松懈。因为各寝室之间留有相当大的一片空地，所以你可以莳花数株，或种几棵西红柿，一方面点缀点缀校景，一方面还可以得到实惠。你也可以饲养白鸽，晚饭后把鸽放出去，再仰望蓝天，看银翅在金黄色的斜照中招展着，听幽扬的哨声在宁静的空气中回旋着。有时这哨声会使你忆起 La Palome 哀怨的曲调来。学校虽然规定得有就寝的时间，但是你可以暂时不睡，在朗月满中天的时候，徘徊在大操场上或图书馆前，低吟着“明月何时有，把酒问青天”的诗句。黎明时，你可以早起，在寝室前看星移斗转，同时体会着“如此星辰非昨夜，为谁多露立中宵”的况味。

其次，谈到饭食，你可以到凤翥街、青云路或龙翔街的饭馆去包饭。如果你打算在校内膳团包饭，你也可以自由地选择膳团，因为这里的膳团是够多的。校内的膳团多数是小型的，每一个膳团大概有十桌左右。因为每天只开两餐，所以早晨你得吃早点。你可以花九百元到学生服务处去买一月的豆浆券，馒头券，你可以到辅食部去吃十元一碗的稀饭，二十五元一个的包子，或一百元一碗的面（比外面便宜约百分之四十至五十）。你可以参加稀饭膳团吃稀饭。如果经济力充裕的活，你可以打游击，今天吃牛肉面，明天吃鸡蛋饼，后天再吃豆浆鸡蛋。因为田粮管理处经常供应联大公米的缘故，所以目前校内膳团每月的伙食费大概是三千元左右，而且大多数的同学可以请领公费或贷金，因而饭费几乎可以说一文也不缴。关于饮食方面，我要特别提到的是“泡茶”。今天在联大附近的几条街巷上林立着不少的茶馆。它们可以说是联大的“沙龙”，但其作用则有过之而无不及。每值饭后，你可以踱到一家茶馆，泡上一碗茶，独自品鉴着茶的味道。你可以约集三四好友，到茶馆去占据一席，大谈一阵，或者玩玩桥牌。此外，茶馆还可以作临时的阅览室。如果你在图书馆找不到座位，你可以借“泡茶”为名，在那里看书，作习题，或者写文章。记得英国剑桥大学的同学们，常在饭后躺在沙发上，口里含着一只烟卷，徐徐地吐出无数的烟圈，然后在烟云的缭绕中去寻求灵感。相仿地，你也可以从茶雾中去寻灵感，然后把大时代带来的可歌可泣的事件写下来。

联大同学们的衣着也充分显露出自由的色彩。当联大刚迁到昆明时，原来三校的同学还有很多。当时男同学的衣着大概有三种不同的类型：北大的同学多穿大褂，表现出潇洒出尘的风度；清华的同学多穿西服，显露出翩翩少年的风格；南开的同学多穿茄克，流露出英迈挺拔活活泼泼的气象。今天联大的男同学则大多数穿大褂。因此，大褂有逐渐成为男同学标准服装的趋势，同时这也说明了在物价上涨的过程中，一般人的物质生活水准降低到甚么程度。无论在什么场合，你都可以穿大褂，甚至上体育也不妨穿大褂去，但你得把它脱下，才开始活动；夏天你可以穿夏威夷衫，或长袖衬衫，把袖管卷起来。冬天你可以穿棉袍，也可以到学生服务处去借棉大衣穿。至于女同学的服装，反而没有一定的标准。就色彩来说，穿素色的旗袍固然可以，穿花旗袍也不会得到别人的非议。就质料来说，丝的、毛的、麻的衣服均无不可；就服式来说，中式、西式，甚至于你愿穿什么样式，你就可以去作一套来穿上，以至于有几位女同学穿起男装，雄姿英发地在校内外参加各种活动，也没有人认为怪诞不经。

谈到广义的行，除作学术工作外，你可以参加各种不同的活动。如果你属于内向一类的人，你可以在饭后站在校内陈圆圆梳妆台的遗址上俯瞰郊外。这时，笔立的睡山，濯濯的童山，附近绿色的田畴……，都奔来眼底，让你一览无遗。你可以在新校舍后面的铁道上散步，同时数着枕木。你可以到翠湖去散步，看鸢飞鱼跃，听五华鹰鸣。礼拜天你更可以到大观楼去划船，或者到龙门去眺望。这时海阔天空，远行的轻帆，会引起你不少的遐思。你可以坐马车或公共汽车到黑龙潭去看唐梅宋柏，同时追怀明末薛尔望先生忠烈的事迹。归途中你可以绕道金殿去看茶花。这时你可以想到吴三桂当年的威风，同时会忆起“冲冠一怒为红颜”的往事，你也可以到海源寺去探寻幽洞，沿松堤前进，每当晚春时节，你还可以看麦浪滔滔，听松涛滚滚。如果你属于外向一类的人，则不妨尽量就性之所近去参加各种团体活动。你可以参加体育会，也可以参加歌咏团。如果你是基督教徒，每周星期日，你可以到文林堂去作礼拜，平常也可以去听布道的演讲或欣赏唱片音乐。如果你对政治有兴趣，你也可以参加各种时事座谈会。此外，联大各级会和各系会，不时也举办集体旅行。你可以参加到海埂去的旅行。在那儿，你可以在水里游泳一会儿，然后躺在沙滩上行着日光浴。你可以参加到西山去的旅行，沿途游华亭寺、太华寺，从千步崖拾级而上，到三清阁啜茗，再攀登龙门去远望。暑假里你可以到阳宗海畔去消夏，那儿有渔歌舟子，游人荡漾。寒假中你可以到大理去览胜。苍山雪，洱海月，鸡足山葱郁的奇峰，都是令游客留连忘返的仙境。你可以参加到路南去的旅行团。在那里，你可以看到峥嵘的石林，平静的长湖，深远的芝云洞，瑰丽的天生桥，你也可以参与看黑龙潭的庙会，与夷女伴舞，极尽耳目心情之乐！

生活在联大的人们，可以得到个体解放和个性的发展。在这里，你会学得一种与人性不相违离的生活方式，这样的生活也许很平凡，但却富于诗意。像暮春三月晚风播来的远寺钟声，它总给人一种轻爽的感觉和耐人寻味的情调的。

三十四年五月十五日午夜脱稿于昆明。选自一九四五年六月二日成都《现代周刊》

// 生活在西南联大

梁琢如

踏进了联大之门，整整一个月了，在这一个月的训练下，对这陌生的环境，渐渐地熟习起来，这新奇的生活，也开始给我带来了愉快。

拂晓，一切都是沉寂的，晚秋的寒气笼罩着大地，蓝色而淡薄的曙光，浸透了窗间的破纸照进了我们的宿舍。这时陶醉在梦乡中的人们都渐渐地醒来，懒洋洋地在温暖的被窝中，翻身子。

讨人厌的号声，在冷静的空气中震荡着，像催魂的鬼叫。壮丽的楼房内起了稀微的骚动，接着楼板无节奏地乱响，断续的谈笑声，粗鲁的歌唱声，混乱地送进空气里。同学们都起来了。

院中的大井台边，挤满了人，他们拿着脸盆，争先恐后地抢着打水。

阳光由东方的树隙中透过来，地上被染成金黄。天空里，一朵一朵乳色的云，悠悠地飘过，这是昆明的晴天的早晨。在昆中大楼前的广场上，数百个的青年，排着整齐的队形，肃立着向国旗致敬，宏壮的国歌声沉重地压着每个人底心。国旗鲜艳地，骄傲地，在高巍的楼顶上，迎风飘舞，静静地接受着，这崇高的敬礼。

上课了。在课堂上坐满了人，静悄悄地像驯服的羔羊，仰着头注视教授的宣讲，一字一句不让它轻轻地滑过去。一切都在沉默中，只有教授的低而清晰的呼号声及钢笔标纸的声响，在激动着沉闷的空气。

每一课的中间，只有五分钟的空闲。他们匆忙地移换着教室，行路上，走廊下，乱混混地都是人。倘不小心，就要冲在一起，然他们很随便地道一声“sorry”，又很快地分开了。

下课铃响了。人们从各个教室的门里挤出来，伸一伸懒腰，活动活动身体，又匆忙地去了。

饭厅，是我们的战场。当“吃饭的号”响了以后，人们像混巢的蜜蜂一般挤了进去。人声在吵杂，碗筷在乱响，大地上放着的大饭筒，是人们进攻的目标，周围挤了人，像一座小的人山。大家在疯狂地呼喊，英勇地肉搏。当他们抢到了一碗白饭，从人丛里钻出来以后，喘息着回到自己的饭桌上，头上身头黏满了米粒，骄傲地像争得了战利品似的，觉的有无限的光荣。

课余之暇，三三五五地徘徊在广场的草地上，谈天说地。

和煦的阳光照着他们健壮的脸，反射出愉快的微笑，这是一天劳苦的休息，心情的解放。

晚间每一家茶馆里，都坐满了联大的同学。他是他们的“自习室”，因为宿舍里的灯光是不够用的，图书馆里又很难找到位子。所以他们宁愿多“费三角钱”的茶钱，到茶馆里去。不过也不算“不合算”，他们可以从六点半钟，一直坐到晚间十点半钟，充分地利用茶馆中的电灯光。

图书馆里，常坐满了人。他低着头，弯着背注意地读着参考书，笔在每个人的手中蠕动，像一些摆头虫。这里永久是沉寂的，没有朗读声，更没有谈笑声，即使有细微的呼吸声，也可以隐约地听出来。这里是他们生命的泉源，精神的寄托所。

联大在抗战中成长着，几千个青年男女，她的怀抱里，哌吸着生命的养料。

——一九四一，十二月十日 昆明联大——

选自《铭贤周刊》一九四二年第十卷第四期

// 生活在西南联大

关荣钦

“昆明惨案”发生，联大同学死伤多人。因为该案涉及政治问题，所以全国人士都在注意着联大。有好些上海的友朋们，纷纷以联大内情相询，我——在联大生活过四年的学生，就在这里给他们——以及其他关心联大的人士作一个报道。

我在这里写的，不论关于该校的设备也可，员生生活也可，甚至“政治活动”也可，我都不想加以渲染；因为一加渲染，便容易使人误会，甚至引起无谓的纠纷。

联大是由北方的国立北京大学、清华大学和私立南开大学联合组成的学府。民廿六，“七七”事变后，平津沦陷，三校就南迁湖南长沙，暂名临时大学。半年后，迁云南。民廿七，更名联大。一直到现在，差不多八年了。

联大虽然是三个大学合组成的，可是三校的校长（蒋梦麟、梅贻琦、张伯苓）和员生，并无彼此之分。一则因为三位校长，不是老友就是昔日的师生，互相尊重，感情融洽；二则因为同学们看到国难严重，能有地方读书，已属万幸，还有谁去化时间作彼此之分？在联大初成立的两三年，在同学们的成绩单上，还可看到P字（北大）T字（清华）和N字（南开），使三校原有学生和新招的学生加以区别；不过这种区别仅在学籍上。至于学校行政始终是统一的，同学们的情感始终是融洽的。

联大因为是三校组成的，可以也承袭了三校过去的作风。北大重学术自由，不爱抱残守阙；清华重程度整齐，宁缺毋滥；南开爱课外活动（体育游乐之类），但学生功课也非常严格。这种种优点（至少笔者个人看来是优点），联大都承袭了，而且都发扬了。每年投考的新生，常过万人，而录取的，仅三数百人。程度稍差的，即使不够额也不要。入学后，功课的繁重，也是尝过的才晓得。每一学期结束，同学们看到长长的一列“退学”的名单，谁也不敢玩忽功课。“人情”向来是没有的。

在国内学府中，联大的教授阵容比较整齐。因为联大有学术自由的作风，好教授总不愿走。要是教授不是不学无术之辈，同时不玩忽职务，学校也断不致解聘。因此一直到现在，联大还拥有一批一流教授，像哲学系的冯友兰、金岳霖、沈有鼎，历史系的雷海宗、郑天挺，中文系的罗常培、闻一多、王力（王了一）、朱自清、沈从文，外文系的陈福田、潘家洵、陈嘉，社会系的潘光旦、陈序经、吴泽霖、陈达，政治系的张奚若、钱端升、吴之椿、王赣愚，和经济系的陈岱孙、伍启元、赵迺抟……都把联大看做他们的家，教书是他们的毕生事业。

在联大生活过的人，总不会忘记了“三抢”运动（不是说有组织的或有坏的作用的），所谓三抢，就是抢座位，抢书和抢饭。上课（尤其一二年级的共同必修课）不是怕没有位子坐，就是怕坐得远听不到，因此大家就抢占或预占座位。我不赞成他们的不讲秩序，可是我却赞成他们的好学精神；入图书馆也是争先恐后的，因为大图书馆只有几百个位子，好的亮的尤其不多。图书馆开门前一小时，往往站满了人，门一开，就山崩地裂，门也冲破了。开门的管理员要是不够灵活的话，就要给冲倒打滚。打冲锋的同学，大多数是经常用功的，也有急时抱佛脚或另有打算的，不过，不管动机好坏，开门十分钟后，谁也不能心猿意马了。抢书是抢参考书，好的参考书常常只有一本（共同必修课则有十本至数十本），恐怕看不到，大家就来一个抢。抢起来，活像小孩子抢糖，管理员常感应付乏术。联大学生穿得破，吃的也苦，成团团的红米饭，也常常闹“警报”。警报一响，就抢个不亦乐乎。打破碗，吵嘴，时有所闻。

生活在联大，上至常委（即三校校长），下至工友，都是一个“苦”字。教职员是清风两袖，微薄的月俸，要他们支持一个数口之家，委实难能。好些教授的孩子没法进学校，坐不起黄包车，年上四五十岁的冯友兰、钱端升，也不辞艰辛地一星期从乡间（因为住不起昆明）步行来学校三次，每次二十多里，其他可以想见了。同学们的生活更苦，他们大多数是沦陷区来的，靠贷金维持的居多，数目有限的贷，用来交膳费也不够，要想有零用钱就更难了。要想不辍学，大家就用尽种种办法，第一种是标卖衣物书籍。去过联大的人，总可看到各处标贴着“廉让”之类的字眼。第二种是借贷，同学中也有些是显宦巨贾的子弟，常常有人向他们借贷以维持。第三种是兼差，一二年级功课忙得要命，兼差的人少，三四年级的则较多，恐有十之二三，工作大多是家庭教师或中学教师，通常是每天二小时。在机关或私人企业中兼职的也有，不过非常少。无物可卖无钱可借和无差可兼的同学，就只有停课。有心的人多，可是有力的人就少了。

有好些局外人士，以为联大学生大多是左倾的，甚至是共党分子。从他们常闹学潮这一点就可以看到。这是没有根据的看法，也是错误的看法，在联大左倾学生是有，共党分子也有，不过是少数。不过，思想重自由，言论重自由，追求民主，拥护国家的统一，却是他们共同（至少是大多数人）的理想。除了应付功课之外，看课外书，举行座谈会，组织出版社（以壁报为主），大家都有绝对的自由。壁报之风最盛，有时多至数十份。有的是纯学术的或纯文艺的，不过有政治色彩（不一定是党派）的居多。内容有拥护政府的，也有批评甚至攻击政府的，有同情共产党的，也有攻击共产党的。大致说来，可分左右两个壁垒。七八年来，没有多大改变。壁报是文学上的武器，至于座谈会及竞选自治会代表，则是左右两派现身说法的场面，各抒所见，有时辩论得很有理智，不过有时说得大家耳赤面红，不欢而散。大学生通常有理智，不过涵养差一点的人，常常给感情左右，以至不能自约。

七八年来，联大闹过几次学潮，不过没有一般人想象的那末多那末凶，闹而至罢课罢教的，数年来只有最近的“昆明惨案”这一次。记得当局下令解散新四军时，曾闹过一次。新四军解散消息发表的翌日清晨，校内墙壁就到处见到了共产党的传单。不过很快便给同学们撕破了，余音就是一大堆口头上辩论和长篇大段的壁报文章，以及一百多名左倾分子的逃亡：他们中，有的辗转到延安去，有的下乡居住或教书，不过大多数都回来了。有一位功课很好，人也长得漂亮的女孩子，过了两个多月的逃亡生活之后，哭过好几回。某要人用飞机带狗的消息传出后，也闹过一次学潮，这一回就没有左右之分，三千多同学差不多全体参加，开会游行，贴标语，呼口号，轰动了整个昆明。浙大、交大和复旦等校也响应了。昆明当局和学校当局处置那一次学潮很聪明，游行时没有干涉，游行后没有开除学生。蒋梦麟先生对大家说：“不要再闹下去了，闹下去，政府不给我们关门，我们也得自动关门了！”梅贻琦先生说：“够了！……”大家也没有再闹下去了，余音是壁报上一大堆反贪污的文章。最近的一次学潮，昆明军事当局处理得不够聪明，最明显的一点是《大公报》所说的“过度紧张”这一点。

不论过去或现在，民主的作风，不论在过去或现在，都充盈了联大，上述已大致说过了，这样我得补充说一说联大的学校行政。联大的学校行政也是民主的。没有校长，由三校校长任常委。蒋梦麟先生，（最近改任行政院秘书长，北大校长一职，由胡适之先生担任，胡先生返校前，由傅斯年先生代理。）尤其张伯苓先生，很少回来，校务通常由梅贻琦先生主持。你也可以说，梅先生是联大的实际校长。梅先生处事公允认真，学生拥护他，教授拥护他，蒋张二先生也信任他。联大有教授会议（评议会），对学校行政，常常批评，也常有建议，常委会通常是接纳他们的意见。你也可以这样说，联大是教授治校。

联大的教授，比较来说，文法学院的比较有政治色彩，不过他们甚少政党背景，即使是属于甲党的，也不一定——而且常常不为甲党说话，而是为大家说话，举个例子来说，名政论家钱端升先生，他是国民党党员，而对政府的内政外交、经济和教育政策，却常常批评甚至抨击。据我知道的，联大教授没有党派的居多，他们都在主张民主，（当然也有例外，不过很少。）尤其潘光旦、张奚若、伍启元、曾昭抡、闻一多等先生为然。最使人注目的是张奚若先生，他每说一次话（指外间谈的话），延安就赶紧加以广播，《新华日报》就加以宣扬，甚至渲染，快将召开的政治协商会，共产党也建议政府让张先生也去参加。后事如何，还不晓得。

我上述的联大，只是联大的一幅淡写。要详细说，有限的篇幅当然不够。不过，如果读者能从我的淡写中，得到对联大认识多一点，清楚一点，也就够了。

十二·十五，于上海。

选自《春秋》一九四六年四月一日 第三年第一期

// 昆明大学生的工读问题

陈　平

一年来得昆明友人来函不少，除报告他们生活外，常附带写些关于当地学生工读情形，兹摘要整理并介绍于下：

“……因病几夜没有好睡觉，我发现隔壁的一间寝室每夜到两点多钟的时候，总有人将房门推得吱扎吱扎的响一阵把我吵醒了，有一天我偶然问那一位晚归的同学为什么每夜看戏都回来得这样晚，他苦笑的回答我说：‘那里是看戏，因为我在邮局里干夜班工作，局子在巡津街，每夜回来都要走四五里路呢。’‘那么你早上不是还有两堂功课吗？’我很惊异地问他，他却很淡然地回答说，‘缺了它！’接着又补上一句‘这是没有办法！’‘那么你每天这晚回来岂不是很不方便？’我表示很关心的问他，他于是告诉我说，比他更晚回来的人还多着，譬如社会系的老王在本市某报馆当校对，历史系的老李也是在一家报社里任编辑工作，他们比他每夜回来得更晚，最早也得上午四时以后，我听了之后，于惊奇他们的能耐之外，对他们这种似乎有点神秘意味的生活，发生很大的兴趣……”

“……一天晚上，我同一位同学随便到某一家拍卖行逛逛，发现坐在柜台里面的一位掌柜的先生，颇有点面熟，后来细想一下，才悟起了他是物理系的一位同学，而且令我惊讶的是，他于研究物理之外，还有精通会计的天才。”

“……有一天我在校内比较往来人多的地方发现了几张内容相同的广告，大意是鄙人新自海上来此求学，精工修理钟表，为优待同学起见，凡将有本校学籍证前来光顾者，一律照原价八折，接洽处第 × 宿舍第 × 号 × 号床铺，并在两旁特标大字，精工修理，准时交货。可惜我的表恰好那时一点也没有坏，以致不能得八折的优待，听说那位兼营修理钟表的同学生意并不太坏，而且可以免去许多房租电灯营业捐税等杂费，当可以营利不少。……”

“……工读之以其他方式出现者，又可以纠合同伴合夥创立短期补习学校，或独资经营而当家庭教师，还有一个特出的情形，就是我亲见一位同学在昆明当学生而在 ×× 某中学当教员，因此每周滇越车上都有他阁下的足迹……”

“……工读的风气，由微而渐，由渐而显，由显而达至今日极盛的时期，现在似乎已造成一种习惯。各机关也很乐于雇用这批工读者工作，因代价常比一般为廉，而办事能力并不太差。因此去年 ×× 图书馆曾主办昆明市大学生抄书委员会，雇用大批工读学生抄录的工作，每千字笔资国币五角之多，抄错一字扣洋五分，常常有些粗心的朋友抄一次字因错字太多而有反须赔钱的倒霉事，又有大西门外某农场专雇大学生种田，工作方式分‘散工’与‘包工’两种，散工则计时给资每小时国币五角，现已增至八角，农工器具由场供给，包工制即将一定面积的土地包出，俟规定工作完成后，工资一次付清，因此在烈日当空之下，荆草丛生之下，赤膊草帽而执犁荷锄者，皆工读之大学生也。有次学校因开学匆促，各教室桌椅急须布置，于是也招标雇请学生搬运，一日可得国币六角的报酬，一时应征者极为踊跃。……”

“……工读的细胞，广泛地布满整个昆明社会的里层。如果学校里举行三天运动会游艺会或其他纪念会之类而全校学生都须参加不能外出的话，则市面上要迟几个钟头才能看到报纸，真的死也无法发稿，邮政局长要急得跳脚，拍卖行也要关门，银行商店的服务无法清理，农场主人也要大叹‘田园将芜’，机关长官将忙死于写中作文条，修理的钟表也不能按期交货，街上将充满了失学荒嬉的学生。此外还有一些野心甚大而资力雄厚的人们因不属于这些工读所得的小利，素性从事正式的商业活动，或组织运输商行奔忙于滇缅路上，或开咖啡茶室营利于灯红酒绿中，现在工读的波潮，已极感到以工为主以读为副，而且有人读到大三就有点不耐烦等到毕业，读到大四第一学期就已当上了秘书，科长，经理，主任之类的职务。……”

于上面这些零星的片段的记载中，可知昆明大学生工读的情形。所谓工读者，就是在上课空暇的时间内为别人做些工作，以挣取一点微薄的收入，来直接维持生活费用，间接保持读书的继续，所以工读两字简单说就是半工半读的意思。从前小的时候，听说有些留洋学生，因为经济情形不好，常常拿课余空暇的时间为饭馆作堂倌，替酒店里当侍者来维持生活与事业，当时听到颇感有趣。不料这种制度已于目前国内的大学同样的实施了，而且成为目前很普遍的现象。

青年人能以自力奋斗，独自谋生活的解决，确是可赞扬的事。从青年人本身方面讲，消极的可以濯除一些倚赖的习性，积极的可以锻炼起谋生的能力，并且由工作所得的经验，亦可与所学相敷并进。从社会上任用的各事业而言，亦可借此解决人员缺乏的问题。

以上诸点，当然是很切时宜。但是利之所在，弊亦随之。学生一旦在外就有职业，对于学业，常就难于兼顾。人的精力是有限的，而现在学校所定的功课，理论上应当是要吸收一个具有普通智力的青年人的全部精力的。国家教育所希望的收获，亦就是具有普通智力的青年，用其全部精力于学科的结果，如若他们把一部精力用之于他处，则就是剥夺了教育一部的收获；国家教育的收获，不知要打了怎样的折扣，而事实上现今各学校学生的程度，每况日下，这是有目共睹的。但是教育当局的希望，适足与此相反，非特以维持现状为不足，更在尽力的希望其程度提高，然而事实是终于不能如愿以偿。其故虽不说全由于学生的不致力于学问，但其耗大量精力于学问之外，当亦为其重要原因之一。

学生就业，是一种不得已的措置，学生的本职，本应当于其全力于求学，无奈在今日这种非常处境之下，不得不忍痛牺牲一部分精力时间于谋生。学生择业的时候，原就只以谋生为目的，其能兼顾到职业与学问的联系者，恐怕不多。如此则不能收学业与经验相敷并进的效果。

昆明的大学生如此，华北的大学生何独不然。极愿学生们将个人工读情况加以报告，引起社会人士以及教育当局之注意，共谋补救之法，谅《吾友》定能供此一角园地，讨论大学生工读的严重问题。

选自《吾友》一九四二年第二卷第十五期

// 昆明的国宝

伍南川

一、“新文化城”

昆明多教授专家学者大学生，“新文化城”是教授专家学生们自命的，以前北平既然是“文化城”，现在昆明又都是以前北平的原班人马，新的“文化城”自然舍此莫属。“国宝”也是大学生们自许的，尤其是外来的大学生常常说本地的大学生程度低，成绩坏，当然更觉得自己是国家的无上的宝贝了。

社会对于这一班“国宝”的观念和批评怎样呢？记者在昆明半年，所见所闻的不少，然而在舆论上，不论毁誉，似乎就只有边疆问题专家陈碧笙先生（陈先生是滇省学者中比较进步的一个）曾经公开表示过。他说：

“说一句老实话，我们对于今日后方文化人——尤其是几个大学所表现出来的一切，实在感到不满足，今日后方这几个大学所表现出来的是些什么呢？不是颓废，便是消沉，不是消极，便是悲观，教授学者们不仅十分缺乏深入民间领导抗战的精神，甚至也没有做成一种努力学术读书救国的风气，大学生中有的则提倡开的达舞研究会，有的则热心于开馆子，做买卖，发国难财，大家回想到‘五四’‘五卅’时代蓬蓬勃勃的精神来，将是何等的抑郁而空虚？再比较抗大陕公那样的刻苦自励的生活来，又应该怎样汗颜而内愧？……”

如若有人要问陈先生所说的是真的吗？记者可以负责绝对保证没有半点虚假……如若有人怀疑昆明的大学生们为什么要开馆子，做买卖呢？记者在下面可以详细的解释。这是属于毁的一方面的，至于属于誉的一方面的，记者抱歉得很，直到现在为止，还未曾找到，这大概是因为大家认为好处是应该的，因而不被提起，而坏处则特别容易被人发觉的原故吧！

二、一派洋气

记者今年五月五日到昆明，那是“五四”二十周年中国第一个青年节的后一日。今年“五四”第一个青年节，全国都热烈举行庆祝，昆明青年界也开大会纪念，可是记者到昆明第一天打开报纸，第一个印象便发见有人对“五四”的纪念表示不满，原因是那一天的大会里，全市的中小学生都出动了，可是大学生们都冷淡得很，参加的人寥寥无几，据说他们宁可带着女人或者三五成群遛马路，而对于三民主义青年团的号召却感不到兴趣。后来联大一部份学生解释不参加开会的原因，说是那天他们正忙着考试，而埋怨学校为什么那天不停课，反而还要考试，这是真的，比如像“七七”那样隆重伟大的纪念日，联大偏偏不先不后在“七七”前一天开始举行学期考试，学生们埋头考试之不暇，还谈得上什么纪念或作点什么工作呢？

联大学生从长沙迁到昆明的流亡途中以及初到云南时所闹的笑话，联大中人至今还津津乐道。比如大家都知道的，女同学们在广州和香港时和人家争奇斗艳啦，男女同学在乡间携手同行引起乡民物议，被官厅抓去打屁股啦，女同学奇装异服，招摇过市，几乎被歹人暗算啦等等，当时云南人说，“你们这些外省大学生，我们地方未得到你们一点的好处，你们却最先带来了亡国的风气。”梅贻琦那时也对学生训话说：“我们来到这个地方，即使不能够易风移俗，也不要伤风败俗。”不过联大学生现在说起这些“韵事”来，还是怪云南人太顽固，太不开通的。这是旧事，不再提了。

昆明现在有十多个公私立的大学独立学院和专科学校的高等学校，学生数目在五千人以上，教授讲师助教数目也不下五百人，所以在这个“新文化城”里满街走的都是这些“国宝”们，男的西装毕挺，头发光亮，女的高跟革履，满面脂粉，走在热闹的昆明市上，依然不减当年在京沪平津时的气派，而那一派洋气，也依然十足的美国大学生的典型。

三、不问国事

两年多来的抗战并没有把他们的气质转变过来，他们还是过着战前那样的生活，或者更可以说，他们那种恶劣的气质，比起战前更要来得厉害，他们之中整天胡聊，什么也不关心。他们脑子里所关心的只是，怎样讲究穿着，好使自己在交际场中不失面子，怎样想法子交结女朋友，怎样使自己的日子过得舒服，什么事都求其好玩，总而言之是苟安，追求享乐，胡混，无聊，整天嘻嘻哈哈糊涂过日子，其他一切都不关心。

记者在这些"国宝"中间发见了一个普遍的现象，便是一般的大学生从来不关心时事，他们是从来不翻开报纸的，如若你随便碰着一个大学生，你问他，这几天打仗打那里了？在这几天他们也许还知道有湘北大捷的这一回事，如若你又问他欧局的变化怎样了？在现在他也许还知道欧洲已经开了战，否则在九月以前，他准又是茫然。但是他们竟然说："报纸是给中学生看的，大学生没有看报纸的必要，我们许多教授学者专家就从来不看报纸的！"结果，他们之中，甚至有不识希特勒和墨索里尼是何人的，甚至有人说，"中国人不一定要爱中国！"其他不用说了！（这都是记者亲见入耳的，绝对没有半点虚假。）

四、打教授，研究跳舞

一个国立艺术专科学校，学生虽然是学艺术的，可是社会上对于他们的印象也最坏，这些艺术的学生中的大多数人的生活几乎就是吊膀子、打架、赌、玩，上课时就是打游击，每一个课室里出席的人数从来没有齐全的，能够有一半已经是了不得了。学校管不着他们，教授更不敢干涉他们，因为如若你敢，他们就叫你滚蛋，另请高就！如若你还不肯走，他们就要毫不留情地动起手来，实行武力解决，在学校里公然聚众凶殴教职员的事已经发生过不止一次。据计算，他们自从湖南迁徙到昆明的流亡途中，沿路被打走的教授计有八个之多。上学期训育主任也被打走了，现在轮到校长先生的头上，滕固几天前已经去重庆向教育部辞职了。这些“国宝”如若说他们还是读书，学艺术的，那只有天晓得，难道他们一到了繁华热闹的昆明就忘净了学校在流亡时期的艰难困苦了么？

大学生们很不少在旅馆里开房间过日子的，他们丢开书本，三五成群，聚起来从来不谈正经事，嘻嘻哈哈，女人，玩，又是那一套。云南是绝对禁止跳舞的，虽然大学生们自有办法，可是偷偷摸摸地干研究太不痛快。曾经发过一次这样的事情，几个云南大学的学生要提倡开“踢达舞研究会”，在他们看来大概这是“研究”性质和“交际”性质。而不是商业性质，可是不幸，招牌刚才挂上，警察就来请他们上警察局去。

五、暑期中做些什么?

这些大学生们也作了一点救亡工作吗?这话问得有点突兀。几个学校都只有一个学生自治会，里面的问题仍然很多，作不出什么事来。比较还是同济大学的学生战时服务团还能作一点小小的工作，人们又要说究竟是埋头苦读的学医学工的“实科”学生肯认真地作一点事了。听说联大已在筹备组织三民主义青年团的直属支团，那么希望它能领导昆明的大学生的救亡运动，推动他们振作起来吧。

联大学生自治会在暑假里组织了一个农村服务团下乡作救亡工作，在全校二千名同学中艰难地才只凑了二十多个人，女同学更一个也没有参加，这样七凑八凑才算勉强成行。可是基督教的男女青年会举办的“大学生夏令营”男女大学生们却争先恐后踊跃参加，未到截止期便已告额满。这个“大学生夏令营”的举办，仍然和战前一样，其目的在使大学生们在暑假期中得到一点“高尚”的消遣，据说这样可以“有益于青年的身心”。这个大学生夏令营选自外县一个风景秀丽的村子做营址，营里一天的生活作息，给大学生们安排下的游泳划船、爬山、钓鱼、打球、野会等等“高尚”而“有益”的玩意儿，让大学生们玩个痛快淋漓。这样他们既有得玩，又有机会可以和女同学接近，无怪那些大学生们要趋之若狂了。大学生们到了乡村，尽情玩了整个一暑期，他们的脑子里从不曾想到利用这个机会和这个便利，向民众作一点工作，也从不曾想到在这个集团生活中对自己举行一次的集会讨论，或是小组讨论，“大学生夏令营”举行的结果，村里老百姓埋怨他们说：“你们洋学生到了村里，我们老百姓不特不曾得到你们一点什么好处，你们反而抢贵了我们的东西！”“一二九”“一二八”的几次大运动的光芒那里去了？人们都说，经过几次的迁徙流亡，青年们的志气都差不多要消磨净尽了！

六、困苦与荒淫

可是虽然这样，在一些大学生的荒唐生活中，隐藏着一些穷学生的困苦情况是无人能知道的。联大最近发生了一件惨事，因为学校放假后停止发放救济金和贷金，竟有三个穷学生因为无钱缴饭费而断食两日；而同时更令人悲愤的，一些有钱的毕业学生在大考完毕后，互相大张筵席，大宴宾客，有一间房，四个人在一星期里平均每人请了一百三十多元的客，因为这在他们看来，历尽千辛万苦，四年苦读，冲过了多少度考试的难关，今天才得了这一张文凭，这是人生的一件大事，那得不痛快一场呢！

一般智识青年的胡涂和无聊固然是问题，然而一想起在今日的这样情形下，他们也自有其困苦和为难之处，不得不为我们所谅解一二的。拿昆明来说，虽然也难逃“一边是严肃的工作，一边是荒淫与无耻”的公例，好多大学生整天的忙于吊膀子、打架、赌、玩，提倡跳舞，然而也有许多来自战区和沦陷区的学生，时常经济断绝，无法维持生活，只靠教育部的救济金和学校的贷金度日。在现在昆明这样高涨的生活程度之下，他们在读书之余，日夜担心打算的只是怎样想法子弄钱过日子，于是一些平日比较活动的比较灵活的善于取巧的，便整天热心于开馆子，做投机买卖，发国难财的勾当！（昆明现在已成了一个偌大的绝好的投机市场，只要你能干，没有不大捞一把国难财的）而一些平日比较不活动的也只有想笨法子，暑期开始后日夜奔走于当三十元一月的小书记，或是开国英算补习班，或是当家庭教师，向一些中小学生骗一点钱交饭费，有钱的要玩，无钱的给生活的重担压得喘不过起来，等到三个月暑假过去，开课了，繁重的功课又压上头来，要求青年学生们做一点战时工作，那简直是苛求了，而一般的大学生的政治警觉性，又比较以前低落，他们缺乏比较坚强的政治理想，他们对于政治问题不感到热烈浓厚的兴趣，水向低流，在这样的情形下，一般智识青年，又怎能不向下坡走，而趋于胡涂和无聊呢？这真如陈碧笙先生所感慨的，大家回想到“五四”“五卅”时代蓬蓬勃勃的精神来，将是何等的抑郁而空虚？再比较到抗大陕公那样刻苦自励的生活来，又应该是怎样汗颜而内愧！

有人说现在的大学生已经成了高等华人的一种了。

七、再看宝贝的教师

有人说慨叹于昆明——这所谓新文化城的教授学者专家们“不仅十分缺乏深入民间领导抗战的精神，甚至也没有做成一种努力学术读书救国的风气”，又慨叹于大学生们——这样国家无上的宝贝——“有的则提倡的达舞研究会，有的则热心于开馆子，做买卖发国难财”，然而教授学者专家们所叹息，所关心，所忧虑的又是不同，他们所叹息，所关心，所忧虑的却是大学生们的程度的低落。

据说，自从抗战发动以后学校经过几度的迁徙，学生经过几度的流亡，学校的质量比以前差了，学生的程度比以前低落了，记者相信这都是实在情形，没有半点的虚假。

然而学生程度低了怎么办呢？当然要设法极力提高，要提高程度就只有把功课极力提高和加重，结果今年暑假联大有大批几百之多的学生被除名，原因并不是品行不好，而是功课太差。而这一大批除名的学生，都转到别的学校去，仍然一样可以做他们的大学生。这一次国立院校统一招生，教育部原决定降低录取标准，听说联大名教授学者专家们为国家作育人才的“百年大计”极力反对，结果是本年度投考学生比较上年增加一倍，而录取比例则从二分之一降四分之一，有两万以上的投考学生流于失学。就昆明一地说，至少也有两千以上的投考学生无法安插，这一次在昆明区考试的二千多人中，滇籍学生在录取的五百人中，仅得十七名，滇籍大学生在云南几乎无书可读，而大批侨生怀着满腔的热望，回国投考，结果使他们大失所望，怨恨交加。今年的失学学生的处置问题特别严重，然昆明各校已经开学，而如何救济失学青年的问题，还是未得解决。联大虽已奉令为各地沦陷区学生举行一次补考，可是在那样一个庞大的数目中，仅仅录取八十名，还是无济于事的。从这可以见得，单是考试，提高功课，加重功课，还是解决不了问题的。

那就单从"提高程度"的本身看，也未必就可乐观的，一般的大学生在书本和听讲之外，大概不出一本《今日评论》——以前北平《独立评论》后身。大家都相信脆弱的敌人日本战争长期消耗的结果，在经济财政上终必陷于崩溃，可是有一位联大的经济学生却说"在经济学的原理中，所谓'经济崩溃'这不过是中国对日本的一种宣传作用而已，如若说日本的经济就要崩溃，那么中国的经济更加应该崩溃"！教授学者专家们常常发表怪论，大学生们也就发出这种"特殊化"的论调来，是无足为怪的。更怪不得他们之中有人因为要辩护他的不看报纸，不关心国事，竟然说"中国人不一定要爱中国"，也怪不得为什么好些和平空气总是出自这些大学和他们的教授学者专家们的口了。

而这次国立院校统一招生考试，最叫人不解的是国文作文题目："权威不能倾，群众不能移，天下不能盖，生乎由是，死乎由是，是之谓德操；德操立然后能定，能定然后能应，能定能应，是之谓完人论”，多少考生对着这长到半百个字，犹如一段文章的题目，束手无策，记者真要替那二万多个中学毕业生喊冤！

八、慨叹又有何用！

三个月的暑假过去，这一个学期又开学了，虽然社会上舆论上对于大学生们存着两种不同的慨叹，不同的忧虑。但是尽管这样，这两种不同的慨叹，不同的忧虑，对于大学生们本身显然并不曾发生什么效果，这“新文化城”里的“国宝”们，他这样地点缀着这个后方昆明！

廿八，十，廿一，寄自所谓“新文化城”

选自《廿世纪半月刊》一九三九年第一卷第二期

// 昆明的大学生

记　者

从前有些人说："大学生"不愁吃不愁穿，几乎承认他们是天之骄子。诚然，大学生中的确有一部份生长在富贵之家，经济来源充裕，而不感受到金钱的威胁，不过，这仅是少数，实际上还有大部份是中等之家的子弟，而家境清寒的亦复不少。

在七七事变之前，我们的大学，多数是设立在沿海各大都市，尤其，北平和上海两地，这些地方，相继弃守，于是不愿在沦陷区受日人奴化教育的青年们，都相继跑到后方，尤以昆明为西南重镇，大学迁来者不少，有为的青年都来到这平素所视为边远的西陲了。这些学生许多是来自沦陷区，家在烽烟之中，无法接济，经济的来源已断绝了。感受到生活的压迫，但他们始终看清中华民族的伟大前途，和自己在复兴民族之斗争中负有重大的责任。在穷困生活中，没有放弃自己的学业和救亡工作，这些青年们在艰苦的环境中，不绝努力，的确值得钦佩。

然而近来由于物价日渐高涨，学生的负担，就一天天地加重了，以致影响到他们的学业，有些不能支持，脱离了学校，寻求工作。有些在晚间找一些职业，或者去任家庭教师，以一部分求学的时间，从事职业，以谋补助。本来生活高涨，是抗战时后方应有的现象，可是一批穷困的学生，的的确确受到严重的威胁，记者曾经访问过很多学生，他们都异口同声地表示，“随他米粮高涨，物价飞腾，我们还是不放弃学业，祖国需要我们。我们应该贡献自己的力量，不过在这样生活程度高涨之下，我们感觉到许多困难，希望有关方面，予我们以救济。”他们这种要求是十分正当而且应该的。假如没有方法帮助他们，我想许多人不能不因为生活的重压而放下了书本，离开课室。

记者曾经到几所大学去看过。无论在教室门口或者公告板上，都可以看到一些“广告”。

“廉价出让制服一套，”新度百分之九十，定价十元，接洽处第 × 寝室。像这像的广告，出让各种物件都有。虽然，在平时“出让”广告，在大学里是常有的事。不过大多数却是书籍之类，或者是多余的文具，却很小出让“衣服”“鞋子”皮箱的，这足证明学生们的经济是困苦了。

大学生的生活，其中的确有些很阔气，住的是洋房，穿的是西装服，吃的是西菜，坐的是汽车。但这仅限于少数中之少数，此外清寒的学生，其中最穷的每天仅是几块麦粑粑（是荞麦做的面饼，算是最廉的食物了）。和一些豆瓣酱而已。学校里的集体伙食向来只求其一饱，说不上营养。在过去，六元一月的伙食，已是算贵了。现在十五元一月还是三月不知肉味，每餐都是菜汤一碗，萝卜一碟，加上一些咸菜。

冬令已到，有些从战区逃出来的学生，衣服铺盖都发生了问题。贫苦的连两餐也无法解决，更顾不到衣服了。在不久之前，学生们因为伙食太贵了，为了要共同解决这严重问题，曾经由各校学生，推举代表开了一次会，在会里我们看看学生代表们的报告，就可以知道各校学生生活的窘状，各校的代表这样说——

同济大学，清寒学生每月贷金十元，出伙食十元，公米停售后超过的米价由学校津贴，学生要求资金与伙食费相等。

国立体专，学生四十余人，旧生都有贷金，伙贪每月十元，八人只食两碟菜。

中正医药院，半数学生从前有八元贷金，现已增至十元，从前学校备车到外县购米，伙食费每月八元。最近汽油涨价，改食公米，伙食涨至十五元以上。其他联大云大的情形也是一样。尤其是联大里的老学生，家乡多半是华北，家庭经济的供给大多数已经断绝，他们的困苦情形不言而喻了。

本来由学校贷金给学生，这原是一种救济办法。不过所贷数目过少，以目下生活程度言，的确是不够的。同时能够领得贷金者已是无法维持，若果请求贷金而得不到。——有些因为名额已满，有些因为在战区逃出来的时候，没有要到证明文件的——。这就苦上加苦了，其次是学生救济会的每月七元救济金，只限于战区学生，但请求者多，经费有限，得到救济的还是少数。此外，有些东北学生救济会，江苏同乡会，浙江同乡会的救济，那是地方的性质，而且力量也有限。记者以为无论如何，至少也要有一个统筹办法，至少要能使学生们解决得了伙食问题，最近各大学的学生为着要解决这严重的问题，曾经联电教育部请求救济，我想大学生为将来社会之中坚，市为国家未来之人才，陈部长素爱护青年，一定会有妥善的救济办法。

近日学生间传说，听说教育部计划取消贷金制度，而普遍供给膳食。如果这样的办，学生伙食问题再不会闹恐慌了。他们食饭有着，可以安心求学，这不特学生方面不致因饥饿而分心，于国家造就人才方面也有很大的效果，我们希望这个办法能够实现。

春，依旧是一样的温暖，风依旧是当年的和煦，悠悠的白云，淡淡的绿波，坐送了大好的年光，童年是过去了。一切都包含在甜蜜的回忆中，花坞春暖，草木萌芽，在这艺术化的季节里，记忆是分外的清晰。让我慢慢地追述吧。

选自《学生生活》一九四〇年第一卷第六期

// 战时的昆明生活

皮名举

方校长，各位先生，
诸位同学：

今天我能有此机会和诸位谈话，觉得非常的愉快！

我是本校的校友，民国九年考入第八班，毕业以后进了清华学校，在清华毕业后又到美国留学，自美回国先后在北大、南开服务，最近是从西南联大来的，我在昆明一共住了五年。

我每次回到家乡，看到母校，看到我们的老校长——方先生，以及这许许多多的同学，心里实在很感到高兴，因为二十年前的妙中根本不是这个样子，那时候教授只有十几位，学生只有一百多人，仅分四班。在民国十二年的时候，妙高峰仍是一个平凡的中学。但是，今日的妙高峰，却是具有相当声名的学校了。我这次由昆明回来时，沿途不知碰到了多少校友们。在战时，我们仍有这么好的校址，这么好的先生，这么多的同学，实在是一个难得的现象，在战后，我相信回到长沙后，会有更多的进步。

我每次回来，方校长和诸位先生，总要我向诸位同学谈话，本来我是不会讲话的，如果同诸位谈学术上的专题，又恐怕不能引起诸位的兴趣，这次，方校长是要我讲点关于国际上外交的情势的，但是，现在还没有许多确实的情报，没有情报作根据说出来的话，就免不了是“谣言”，为了要避免谣言的谈话，所以，不如不说国际外交的现状，而选定了这个轻松的题材。

今天，这个题目虽说是轻松，但内容却是很繁杂的。第一点要请各位注意的，就是“战时”，我讲的是战时昆明生活，而不是平时的昆明生活；第二点就是：各位觉得昆明是一个很远很远的地方，并不是很普通而且容易去的地方，为了要避免这些太平凡的叙述起见，我们要注意它的实在意义，要注意它的实在价值。你在听了我这次谈话以后，你对于云南的史地情形，我相信一定比你在课堂中知道得多多了。如果说上海，南京，北平，天津吗？那个个人都很清楚，说日本吧！也有相当知道，说纽约，华盛顿吧！各位也相当熟悉，但是对于这个国防的重镇——战时的大西南，却没有人以科学的立场，作过公平的分析。

在我未谈昆明以前，各位对于云南的概念，一定是这样的，觉得：（一）云南那地方太远太远，交通不方便，很不容易去。（二）在《三国演义》上，我们可以读到诸葛亮征南蛮，五月渡泸深入不毛之地，我们因此想像得到云南一定是个不毛之地，是个很粗野的地方。（三）在云南疫疠流行，那里的疟疾最厉害，种类之多，不可计数，有一天一次的，有两天一次的，有可以药治的，有不可药治的，有吃金鸡纳霜可以好的，有吃金鸡纳霜还不会好的，……甚至有十年八年会还复发的……疟疾的普遍，骇人听闻。因此有些人觉得那地方实在野蛮，没有我们这里文明。

昆明自七七抗战发生以来，有许多机关，很多学校搬到那里去了，因此，昆明成了现在云南的文化中心，就像现在蓝田在湖南的地位一样，在战前是没有多少人来的，而现在却是湖南中部的文化中心了，这是受战争影响的关系。因为昆明距此地太远，那里的生活，无论个人或一般的，非亲自经历过以后，是不容易知道它的底细的。生活，可以包括人生的四大要素，就是衣、食、住、行再加上工作以及娱乐，总共六点，现在让我一条条的来说：

衣

这是一个很重要的问题。在这样的天气里，不穿衣服还能健康的生存吗？于是，我们想到，云南人穿什么衣服呢？告诉你，我在云南所穿的衣服，我现在都穿在身上，那边比此地热些，所以有我身上所穿的这些衣服就足够了，但是，我到蓝田来，穿这些衣服就嫌少了，如果再冷的话，我简直无法应付。在云南那里的气候很特别，因为气候与各地不同，所以在那里穿用的衣服也与这里不同，气候影响于人的衣服，这不是地理书上所有的吧！但是不亲历其境，是不会懂得它的意义的。

云南，属高原区，拔海二千公尺以上，蓝田拔海不上一千公尺，只可称之为高地。因地势的影响，所以气候就也比蓝田不同了，昆明的地势高，气候就应该凉了，加以高原的气压，风流的影响，那里是应该冷的，但是云南省处在北回归线中，南边既临热带，北边也可称为亚热带。因此虽然昆明的地势拔海一八九二公尺，但因为它的地位是在亚热带以内，如是冷空气加热太阳，变成了不冷不热，温温和和的好气候了。

在我们这里，气候因季节的关系，冬冷而夏热，云南却不同，有一句谚语说："四季无寒暑"，在云南没有特别的冷天，也没有特别的热天，一年四季，都是像这样不冷不热的气候，所以一年中只要有一套普通的单夹衣服就够了。云南的气候，还有一个特点，就是因地位接近印度支那半岛，在印度洋季候风区以内，在夏天有印度洋风吹来，方向自东南向西北。所以云南的雨景也很特殊。也像缅甸一样有干湿雨季，自春末到夏初，称雨季，夏天虽热，但一有了雨便也凉爽了，所以在"四季无寒暑"之后，又有一句"一雨便成秋"的成语。因为气候温和，直接就影响于我们衣服的多寡，所以每一个人只要有温季的衣服就够了，在那里，夏天根本用不到夏布或纱衣之类的奇装，在冬天，不需要皮袍子，甚至连棉衣也是可有可无的了。

因为气候的关系，我们的服装不必太多，所以，我说昆明的气候实在是战时的标准气候，最合乎战时的经济条件。战时买不起好东西，但是衣服却正好不必买好的了，我以为无论加利福尼亚，以及其他的任何地方的气候都赶昆明不上。

衣服虽可少穿。但是，昆明的布匹却是全国最昂贵的。物价贵，其原因各位都知道，生产、消费、运输都有连带关系。当然啰！在战时运输不方便，在昆明人口多，消费大，物价之高，这是必然的现象。至于谈到布匹的生产方面呢？云南根本难产棉花，因此，他们没有织布的习惯，最近虽然迁了一个小纱厂到昆明，但是，规模太小，也无济于事。昆明的布匹多半是从上海转运来的，运输既不方便，并且数量太小，价钱也就因此增高了。布价既高，衣服虽可少穿，但总不能不穿，于是，衣服也只好“持久抗战”了，新衣抗成了旧衣，旧衣抗得破烂不堪了。

食

这个问题更严重，衣可以少穿，旧衣破衣，也可以“持久抗战”，但是，吃饭却难以持久，一日两三餐，非有不可。

从地理观点而说：云南的气候好，土地也肥沃，尤其是滇池的附近，风调雨顺，应该是物产丰富的了。不错，在战前，全省的粮食，不成问题，人民的生活也安定。但是，战后海滨人民内移，因此也感到不足了。我们的主要粮食：（一）稻米：云南所产的稻米，又多又好，比湖南的米还强些。（二）麦子：因为有干季的原故，出产也很好。（三）杂粮：出产也丰富，红薯出产很多。但是，虽然有一些这样的出产，但因人口增加，人力减少，当然会造成这种不敷分配的情形。有一个时期，曾大量运了安南米进来维持过一年，现在却靠一部分的积谷来维持一些公务人员的生活。

其次说菜类。没有菜总不能下饭吧！油盐虽可有可无，数量上可减少到最低限度。但是，连蔬菜都成了最珍贵的物品，贵得使你想像不到。昆明是不产蔬菜的，在那里每天早晨有一列火车专门自呈贡送蔬菜到昆明来，利用火车运蔬菜到昆明供应民食，因此，价钱也就贵了。除了蔬菜问题，还有一项荤菜问题。在湖南，猪肉在市场上占着主要地位，但是云南却以牛肉为主要荤食，代猪肉而占主要地位，市场上极流行。一方面因为价钱比较便宜，二方而却因为数量多，有人专门喂了牛来供给荤食。云南多回教同胞，他们许多是专门只吃牛肉的，因为宗教的关系，牛肉在云南比猪肉的地位重要得多。荤菜中除了肉类之外，还有鸡、鱼等。我才到昆明的时候，鸡价还不大贵，后来鸡价太贵了吃不起，只好吃鸡蛋了。到现在止，连吃鸡蛋也发生恐慌了。昆明虽有滇池，但是，鱼类产得太少，因此鱼价贵得异常。

关于食，昆明又有一个特点，因为地势高，气压低，所以在昆明，水在摄氏八十度的时候就可以开（沸腾）了，如果里面煮有食物的话，就不会熟。还有，云南的盐中缺乏碘素，因此脖子上会长出小一个大瘤来，从前的川盐、海盐、淮盐就不会发生这种现象，这种“畸形发展”不仅云南如此，就是南美的安打斯山和欧洲的阿尔卑司山地域，也发生这种现象，据医界人解释，这是盐中缺乏碘素而引起甲状腺发炎的病症。

昆明吃饭的习惯也不同。每日上午十时吃早饭，下午四时吃晚饭。湖南人这样每日三餐的习惯，但是却有吃零食的嗜好。我们湖南人平时总以吃辣椒向下江人示夸，但是，湖南人实在不行得很，湖南人吃辣椒的程度应在云南、贵州、四川之后而列在第四名了。云南人吃辣椒是这样的，绿辣椒炒红辣椒，红辣椒再加朝天辣子粉，这种辣椒才叫做是辣椒，湖南人真正望尘莫及。

住

住是人生四大需要之一，一个人除了衣食之外也就非有住处不行。在昆明市区中，人口多而房子少；并且房子既不十分好，而房租却又贵得可怕。我们在那里住的房子，简陋异常。下雨时四方漏水，有时睡觉都非打伞不可。像这样的一间房子，现在已涨到了每间一二百元。新迁来的机关和学校，他们都有解决的方法，就是自己建造房屋。在市区新建的高楼大厦中，近代的时髦品无奇不有，装有电灯、铃、电话、自来水……等等的设备，比之沿海都市的房屋，亦不逊色。由于新厂屋、新大厦的建立，昆明的经济建设都相当的重要了。新机关、新学校、新工厂的房屋到处林立，昆明的近郊，遍地是“新村”，有钱的人还是住大楼房，住新村，因此昆明近郊一带，日渐发达起来。例如大西门外有西南联大的新校舍，黄土坡有中法中学的新建筑，茨坝马街及海口等地已成近代工业中心，他如大楼、高坪、西坝、岗头村等地，久已成为疏散区域。因此关于住，涉及到昆明最近的建设，盖自抗战以来，昆明的工厂林立，学校增多，无形中促进了他的经济建设及其繁荣了。

行

在昆明，行路是有相当特殊的，因为昆明是高地，走路难，坐车就危险，坡度太陡了，昆明市区改良了的街道叫“路”，比较小的街道仍叫做街。有一个地方叫做“逼死坡”，坐车子下去的时候还要转过九十度的急弯，你们看，这种路怎么能走？

今日的昆明是大西南后方的交通中心，公路东通贵州，西通缅甸，北面有两路，一通四川，叫川滇东路，一通西康，叫川康西路。至于铁道已筑有滇越铁路。由海防直达昆明，现在业已中断。抗战后，加修两条铁路，但都没有完成，最近滇缅公路又已中断，因此国际交通，完全是靠空运，国际航线前本有自昆明至香港，自昆明至仰光，自昆明至加尔各答诸线，现在自昆明至加尔各答已算是唯一的国际航空线了，并且要请各位注意，空运的速度，载量并不在汽车运输之下，飞机上可载进各种的军用物资，往来只需两天，并且除了国家必需物资外，不准夹带一点私货。昆明有一规模很大的飞机场，叫做巫家坝飞机场。

如果只说个人的走路问题的话，个个懂，但是这个“行”却涉及整个的国家了，军火物资由车运变成飞机的空运，却也牵涉到不少问题上去了。

工　作

在昆明，我的工作是教书，这里我所讲的就多半是关于教书阶级的了。

对于工作，影响最严重的就是敌机的空袭。因自敌人领有河内的嘉林机场后，他们的飞机就可由河内直接飞袭昆明了。但警报次数的多寡，是以季候为转移的，因为云南有雨季，所以敌机来袭多半是在雨季前后，在雨季中是很少有来的。我们的防空当局一获有敌机自河内机场起飞向河口进发的情报后，即刻发注意警报，悬挂红球（晚上则用红灯）一枚，如入云南境地，即放空袭警报，挂两红球，如敌机已至昆明临近紧急警报圈内时，则将两红球取下，放发紧急警报。昆明的空袭多在白天，夜袭非常之少。但是因为有了空袭，我们的生活却受到了重大的影响。

至于昆明所受警报的影响呢？我可分三方面来说：

（一）市面所受的影响：在昆明的市面上，商店在白天照例门上一把锁，警报响了，街上鸦雀无声，除了负有任务的警察和防护团之外，别无一人逗留。个个都去躲警报了。一到警报时期过去以后，那就不同了，商店大开门，照常营业，到晚上电灯来了的时候，那是昆明市面的黄金时代了，那种繁荣的情形，远远超过全国任何大都市。

（二）办公机关所受的影响：这是指各机关有公可办的而言，他们在警报期间，也有变通办法，各机关在郊外设有临时办公处，有警报就出去，到下午方回到城里来。

（三）学校方面：关于学校方面的问题就多了，因为学校情形特殊，不能在郊外设一个“临时上课处”，并且有钱也难找到容纳这多人的地方，但又不能停课，于是只好变更上课时间了，每堂课缩成四十分钟，上午七时至十时，下午二时以后方照常上课，由上午十时至下午二时，就可说是等警报时期或称危险的时期了。

但是，中午间断的四小时，也许就是我们真正工作的时候，因为上课时，心里总不能那么如理想的镇定，一心以为警报之将至。在中午那间断的四小时中，因此是我们真正工作的时候了，因为身子在郊外，不怕敌机来炸，可以放心念点书，看点报纸，或者会会朋友，因为警报的关系，社交中心都移到郊外来了，各大城市差不多都有这种影响，在城中不易会见的朋友，而在疏散之时，却无意中在郊外都会见了。

娱　乐

这里我所要讲的娱乐，不是谈普通一般的杂耍。我们的娱乐方法都因战争的影响而改变了，跑警报也就是一种最好的运动，我们的营养不好，而能很健康，就是由于常在太阳底下跑警报的原故，因为在太阳光中可以吸收一点自然界的营养，如果没有警报的话，人反而懒起来了。

娱乐中有一种最好的娱乐，既不用花钱又很有益处，那就是“郊游”了，在昆明城中有三个公园:（一）金碧公园，由金马山和碧鸡关两地而得名。（二）圆通公园，中间有唐继尧将军的坟墓。（三）翠湖公园，湖边有钱南园先生的祠。城中有五华山，五华山在历史上有重大的价值，为现在省政府所在地。明朝永历帝流浪在五华山，被吴三桂逼死在“逼死坡”。

东北郊名胜古迹很多。有陈圆圆的墓，东门外有金殿，上面盖的是铜瓦，楼壁和地板都是大理石造成的，据说吴三桂曾在这里登基。又有黑龙潭，中有一孤岛，岛上有一树，那就是明朝忠臣薛尔望在明亡后吊死的地方。

在城西南，有滇水，从小西门出去，可坐小船，那里的水，实可并美秦淮。出小河可至大观楼，有假山，假石，那里也有三潭印月，也有堤，也有水，有两百字一边的长联，一边是写滇池风光，一边是写中华历史。再前至有草海，水还不顶深，风浪也小，出了草海口的风浪便大了。

滇池之西，有西山。山上有三个著名的大庙。（一）华亭寺，这是一个大规模的和尚庙，据说是元朝建立的，现在的庙却是重修的，里面也塑有四大金刚八百罗汉。(二)太华寺，原来是香火很旺的，现在年久失修了，战后中央研究院在那里。寺内有一株数百年历史的古茶树，开的花又茂盛又多。茶花是云南的省花，昆明的市花。(三)三清阁，这是道士们住的地方，共有三层，最后一层的小庙是整块的大石头凿成的，上有福禄寿三星和魁星像，下有香炉、桌子、椅子、对联等，都是用人力在那块大石上雕刻出来的。

好！讲到这里，我已把战时的昆明生活介绍一个大概了。

起初，各位以为这题目是不值一谈的，其实不知这题目的内容却涉及很广，含意却也相当深。例如谈到衣，就涉及地势、气候、棉花的出产、纺纱的工厂、物价、科学的培植棉花法、运输问题等。说到食，可以知道那里的物产情形、饮食习惯等。说到住，可以知道战时昆明的经济建设。说到行，可以知道它的交通，现在国际路线的运输问题。说到工作，可以知道昆明受空袭的影响。说到娱乐，我们可以研究一些历史故事。

这些都是学史地的人所应注意的，并非一些教科书上所有的材料。

今天，不早了，我讲到这里为止，下次有机会时再与诸位谈话。

原载《妙中月刊》一九四三年第二十七期，皮名举讲演，龚善楚、袁燕生笔记。该刊系湖南妙高峰中学所办

// 忘不了的联大

章正续

在昆明只几年，却也有忘不了的人和忘不掉的事。联大给人的回忆，是一段“抢史”。自抢着注册选课，抢饭，抢座位，抢学分，乃至抢洗脚水，抢毕业，……而且愈抢愈狼狈，愈抢愈穷。记得离开昆明的前一两月，是抢着卖旧衣烂衫。

整个联大的岁月，是消磨在文林街和凤翥街的茶馆座里。三朋四友，男女教师学生，搁着大腿纵谈天下事；或是一桌桥牌，一局象棋；或是闹中取静，准备大考小考。驮马过时，常常吹一点马粪到茶里。没有这些，也就没有联大。

关于联大的人物：记得初到昆明时，萧蘧先生有一匹马，每天从西山骑进城来上课。马料涨价后，马瘦了，就坐车；车贵了，就跑路。最后是自己跑瘦了。因为萧先生的经济学，花生米永远是两毛钱一斤。沈有鼎先生到昆明的第三年，打破了眼镜，幸而在逃警报时，检了片玻璃，据说光度很准，有英国绅士单眼镜的效用，至今追随左右。此外陈岱孙先生掩饰歪嘴的烟斗；高崇熙先生微服出巡，捉拿偷花贼等等，都是划时代的作品，自然最不能使人忘却。尤其不能使圆脸型女同学忘情的，是大马猴侯绍邦。确息此公已自费留美，尚未论嫁娶，仍有突击余勇，跳绳术亦有进步。

要是你在昆明谈过恋爱，或做过白日梦，你总不该忘记翠湖，和几株遮阴的树。你会回忆到谁谁在大树阴下，有过火热的特写镜头；谁唱过《月光曲》；谁在《翠堤春晓》中演过悲喜剧。自然你也不会忘记西山，滇池，黑龙潭，大观楼……是昆明的名胜，也该算是联大校景的一部份。

联大的校址是陈圆圆的梳妆台，今古颇有偶合的意味。陈圆圆和联大，都是在战乱中由北京到昆明的，而且这和清华园毗邻颐和园也是颇有意义的对照。有人说，联大是空前绝后的，其实还不如说是承先启后的恰当。联大的元老大都来自清华。中间两年的毕业同学，有不少在清华当助教；而当年联大的小弟弟，又是今日清华的元老。联大应是整个校史中的一段，然而却有特殊的价值，和给人不可泯灭的回忆。

选自《上海清华同学会会刊》一九四八年第十一至十二期合刊

// 昆明的霊生活

凌尚贤

在浩瀚沙漠中才懂得去找寻上帝，亦才会接近上帝。

昆明并不是沙漠；有明秀的山水，有宜人的气候。在这种环境里本可以做一个满足的学子，守本份的念书。可是现在回忆总觉得那时老在追寻——追寻美，亦追寻真理——老不满足，反之，现在该不满足时却处处妥协，处处低头！

那时我念工学院，同学中都是离家游子，功课忙，没有钱，没有爱人——女同学远不够分配（恕我）。于是课外活动分外起劲，分外认真，我敢说那时文理学院还远赶不上我们！（恕我）！

其中可以使我骄傲的——工学院自己有一个管弦乐队，定名“联声”，所有会乐器的助教先生们以及同学都在一起。记得小提琴手特别多，一共有十一位。所以一走进盐行工学院宿舍，总缺少不了杀鸡的尖叫声。郭世康先生吹 Trombone，张德骏学生吹 Clarinet，罗旭先生吹 Trumpet，乐器向拓东路上智中学借用，自己还凑钱定制自己设计的乐谱架子。指挥张清常先生，每星期从西城马拉松过来一次，后来张先生病，改请顾钟琳先生担任。还一共公演五次——第一次上智中学校庆，第二次母校校庆，第三次昆明广播电台，第四次昆明大戏院，第五次青年会介绍西洋名曲，总算并不是没有一点点小成绩。

虽然这种活动与其希望别人得到欣赏的愉快，毋宁说是为了自己内心的满足。最记得有一次近黄昏时同学五六人从昆明广播电台出来，背了谱架子，提了琴沿着翡翠的城河、翡翠的公路赶回宿舍，赶一顿青菜豆腐糙米晚饭。心里充满着清纯的喜悦！没有计较广播的成败，不顾虑次日报纸的载道（因为报纸还没想到要批评），不估计听众的多寡（大概那时昆明的收音机还数不上几十个），没有报酬，没有对象，没有英雄，没有成双作对，没有鼓掌，亦没有嘲笑——只是直到现在——耳边还响着已分散同学们的欢唱和笑音！

一九四八年四月四日上海

选自《上海清华同学会会刊》一九四八年第十一至十二期合刊

// 联大及昆明作家生活自述

卞之琳　等

一、卞之琳

× × 先生：

十一月间信今天（十二月九日）才收到，却正好赶上我集中写信的日子，果到半个月大致也得等到今天才覆。每次接到相识或不相识的友好寄赠刊物以及征稿信件，我照例有稿即寄，没有稿则连信也不覆，因此有许多刊物过了几期都不再来了，只有少数几种还经常光降，其中就有《文学创作》，专凭这点我也该说几句道谢话了，何况今天又接到了垂询生活的来信。

实在我最懒得写信，倒全非为了摆架子。也实在忙。三年来我一直在联大外文系教书，平时课虽不多，也颇占时间与精神。这一学年起我新担任了翻译课，还感觉兴趣，只是一讲起了头，就有许多话要说，在每星期两小时的时间里实在说不完，现在索性只讨论课卷里的问题，而仅是课卷里的问题又在五步一楼十步一阁的叫人应接不暇，探索不尽。下学期我新开了一个冷僻的选课:《亨利·詹姆士》(虽然晚了半年，也算是对于这位大小说家百年诞辰的一点小小纪念)，现正预备讲稿。至于暑假，我已利用了三个，再加上两个学期课余的时间，写完了一部长篇小说的初稿(连空格约四十万字)，现在也还没有工夫整理修改，决定推延到明年暑假才动手，预计到明年底改完第一遍。倒是前些日子，作为消遣，把废名《桥》里的两章译成了英文，一位英国同事见了怂恿我把全书译出，怕暂时也还没有时间。也出于这位朋友的怂恿我从自己的《十年诗草》里译出了一二十首诗，前天刚告了一个段落，我感觉一阵轻松，又可以专玩小说了(我已经整四年没有写诗)。

最近我答应给贵阳文通书局编一套翻译小书，以文学为主，兼及哲学、美学等类，希望译文还多少是艺术品，也希望丛书跟一本理想的刊物一样的自有其个性。最初几本大致是:

(法)班雅明·贡思当:《阿道尔夫》(中篇小说)

(丹)索伦·基尔克加尔特:《一个女优的危机(论艺术与修养)》

(英)维吉妮亚·乌尔孚:《一个自己的房间(论女子与小说)》

(美)凯塞玲·坡忒:《开花的犹太树》(短篇小说集)

(法)安特列·纪德:《长篇小说写作日记》

其中第二种由冯至先生译，第四种由林秀清女士译，第三种译者人选未定。第一第五两种都是我自己战前的旧译稿。《阿道尔夫》曾发表于上海出版的《西洋文学》，到最近我才搜集到全文，虽然徐仲平先生最早自己有该书译文的单行本出版，我赞同一些朋友的意见，认为这种小小的经典不妨有几种译本行世。纪德那本日记，我原以为跟我译的《赝币制造者》一起沦陷在香港了，前不久才知道我竟忘了在成都还有一个副本。现在我想在这本小书以后加上“写作日记”（从“日记”全集里摘译出纪德在那部小说出版以后说的一些话）和《小说中论小说》（从那部小说里摘译出那些谈小说的地方），再加上一篇我自己写的《纪德对于小说的理论与实践》。这都是很费工夫的，一时怕实在也办不到。

这里生活真不大易。我这间并不怎样好的房间上半年每月只要二百元房租，现在涨到了一千零五十元。米价前些日子一度涨到四千元一石，现在最低也得三千元以上，桂林朋友给这里稿费总没有法子给足千字斗米的价格吧？话虽如此，把物欲减低了，大家也还勉强对付过去。专心工作也可以排除一部份生活上的烦恼。我还是决定非到万不得已不去兼差，也谢绝演讲，也不写杂文。

写到这里字数怕不止五百了，一举两得，这不仅是覆了信，也算交了应征报告生活情形的稿子，如果还不太迟。

匆覆，祝好。

弟之琳，十二月九日

二、李广田

××：

您真是一个很好的主考者，善于催考卷，并且不让人缴白卷。不过今次实在无可如何，两道题我只能作一道：文章是作了，《作家生活近况》一题我却以为不易作。第一，我的职业是教书，教书之余偶尔写写文章，所过的生活也就不是“作家生活”。第二，我以为现在谈到生活有三个字可以包括，那就是“穷病忙”，而这三者又是有连环性的。太忙了，不得休息，自然容易病，病了要请医生，吃药，自然也就容易穷。穷则营养不良，心绪不佳，也就容易病，病了不能作事，病愈之后就必须补作许多事，当然忙。而且为了救穷就得多工作，甚或再为柴米而奔走，为告贫而奔走，自然更忙。如此而已。而这些又不但只有自己的份儿，大家都是如此，所以也就不必说。所不同者，也许昆明这地方有点特别，物价太高，最近米价涨到四百余元一斗，肉价多少我们不知道，因为根本不吃，也就不关心。我的小家庭是两个大人一个小孩。两年前我一人教书，可以维持，一年前我们两人教书，不易维持，今年小孩又入学读书，当然是不能维持。可是到底也还是维持下来了，不然岂不早已变了骨灰！（据大家研究所得，死后以火葬为最省钱，因为不必买棺材。）只要能这样癞癞巴巴地活下来，只要还存一点较高的理想，只要还能做自己认为应作、可作、作了还觉得安心的工作，也就罢了。至于说穷道苦，不但无用，而且讨厌，若大人先生闻之，且将以为你这样那样，尤其麻烦，故不说。小说一篇，随函奉上，请查收。专此，敬候

著安。

李广田　十二月三日

三、王了一

编者先生来信要我写一篇《作家生活自述》，区区五百字，似乎没有推脱的理由了。不过，我要声明一句：我虽自述，却不是作家。

我之所以不是作家，因为我从来不曾发表过一首诗，一篇小说，或一个剧本。偶然写几篇小品，是最近两年来的事。两年前，也因受了《星期评论》几十期的赠阅，想要报答报答；又因穷得透不过气来，想恢复十余年前的“卖文为活”的生涯。既然以卖文为目的，就该多产，要多产除非“瞎胡调”，于是我开始写小品文。在《星期评论》发表的小品叫做《瓮牖胜墨》，星评停刊后，刘英士先生把未发表的几篇保送给《中央周刊》，于是中周上也有我的文章。最近几个月来，我又为昆明的《生活导报》写《龙虫并雕斋琐语》。这些纯然游戏的文字，够不上“作”，更不敢言“家”。

近来文章更不值钱——或者可说是更不值实物，“卖文为活”简直是变了“卖活为文”，为了不够香烟耗费的几个小钱

儿，要把整天的生活卖给报馆或书店，实在干不下去了。所以近来又怕写文章。

如果我是一个作家，我可以说一说我的意向，例如预备写一部长篇小说，或编一个剧本等等。但是，因为我不是作家，所以我们没有作家的意向。我只有一个幻想：假使我希望仍旧卖文为活的话，我打算搬到一个生活费用最低的城市或乡村去住，却把文章寄到稿费最高的地方（如昆明）去卖。

四、孙福熙

我住在滇池边，离昆明十九公里的呈贡县。

在这一个县境内，因为县长李悦立先生的明达谦恭，使我们感觉好像住在一个和乐的大家庭里。县立的各团体以外，有许多国立的教育文化机关，许多大学教授及学术专家，在此居住，相互来往，而且常在县政府或县长的住宅中聚会，有形或无形的产生许多学术的结合。

其中较有报告价值的，是我们大家分工合作，为呈贡县编辑县志续编，各以学术的立场来调查、研究、分析，而记录下来，将来完成以后，或可供各地修志者的参考。这县志的编务也是我所忙碌的一部分。

每星期到昆明一次，这真是“劳民丧财”，坐火车或公共汽车，均费时伤神，损失不少。

住在乡间，没有电灯，菜油灯下的写作，费力而无多成绩。要想作画，颜料纸张的困难不必说了，桌面与地面均不够作大画；不得已而要作画，东冲西撞，损坏了许多东西，终于弄坏了画纸。所以，文字与绘画，均变成代替纸币的人情应酬品而已。

最近，无意中检验身体，发见我的心脏衰弱，医嘱戒酒戒喝咖啡。人生幸福完整不能分割，缺了一角而尚欲求幸福，不如死了的痛快。

有一件事是最有进步的，就是煮饭做菜的纯熟。在每年插秧与收割的两次“农忙”时候，不论你的帮工是男是女，必然回家去了。无田地可忙的，也就去帮他人之忙，因为其工价能比大学教授的收入超过一倍以上。没有帮工，当然只好自己做饭菜。

幸而，做饭菜与作文作画很像，可以满足文艺的创造欲不少。

（于云南·呈贡）

五、沈从文

××兄：

前寄款早收到，信亦收到。文章在写，照老脾气，自己觉得不妥当时总不会寄出，因此难期到时缴卷。寄上一文名《绿魔》，你看看，方法上似乎还新；若以为可用，即用《绿魔》为题，校对时望费费心，错字较少，意思容易表达。第一页子题为“绿”，八页九行有个子题为“黑”，廿一页有个子题为“灰”，排时比本文大一号字体，好看些。排过后原稿寄还给我，希望莫太脏。另外我依然赶写一篇文章补上，怕时间晚来不及付第一期排印，就只好在第二期用了。这里日子太困难，已到自己挑水砍柴情形，好在气候还不太坏，尚有几本书，否则真不容易招驾！并颂 安吉

弟从文顿

选自《当代文艺》一九四四年第一卷第四期

抗战期中的教授太太们

郁 芳

（一）智慧的表现

从日本人的刺刀底下钻了出来，离开了这古老的北平城，开始她们的流浪生活。学校搬到长沙，她们也带着儿女到了长沙；等学校再迁昆明时，她们又抛弃了一个才具规模的家，而跟踪到了昆明。

这一向被称过着最舒适生活的教授太太们，她们曾经被讥为笼中的金丝雀的，在以前她们靠在沙发椅子里，研究怎样布置一个最新式的家庭，学习做各种精巧的点心，但现在，她们也让现实教育了她们，得刻刻苦苦地过起抗战中艰难的生活了！

披上一件蓝布大褂，开始她们的工作，太太拿起针线，丈夫拿着锯子，而儿子也拿着钉锤凑一工。她们把木箱改成沙发椅，用木箱钉成橱柜，用煤油箱改成烤箱，用席子铺在地上，盖住了黄土地。太太更在粗糙的本地瓷器中，插上了鲜红的大茶花，几间简陋的屋子，立刻被改装成最舒适的家了。当丈夫工作累了，靠在家做的沙发椅子里，悠然的抽起一根烟来，在青烟瀰濛中，望着对面那坡上霞红色的一株青苍的山头，他不禁满意地笑了。

太太每天不停地在她的小天地——“家”里盘施着，一双勤快的手，轻捷的步子，点点地工作着。早晨手挽菜篮，去菜市里买菜，手中握着有限的一点钱，心中计划着一天的菜单，她从一个摊子前，走到另一个摊子去。猪肝买不起，改买牛肝；排骨又涨了价，用大叉骨代替吧，营养是一样，而价钱却便宜多了；她们知道用最低价值的钱，去设法得到最高价值的营养，使一家人在抗战的岁月中能支撑下去，这就是智慧的表现。

当然，她们有时也会回忆到以前的生活，让想象暂时溜到那最快乐的生活的一段中。工字厅前盛开着的海棠花，大操场上热烈的足球比赛，大礼堂里传出来的悠扬的音乐，和一年一度工字厅里的新年团拜……，但当她们和别的太太们相遇在一起时，却很少互相追述过去，或诉说目前的艰难生活，她们不过互相的惨然一笑而已。她们明白诉苦是弱者的表现，于事无补，所以她们只努力地重新学习，学习做饭，炒菜；点着了劈柴生火，在小小的煤油灯下补衣裳。她们曾拿起锄头在院子里的空隙处种菜蔬，她们更学会了养大鸡、孵小鸡的技术。

可是，她在家中的辛勤，并不能维持一个最低限度的生活，永久向着直线上涨的物价，像一条铁链似的紧紧地捆住了她。当见丈夫工作完毕回家后，那种疲乏的神情，头上的白发更增多了时，看见儿女脸上逐渐消失了的红润，她的心像给重铅压住了一般，于是她决定把她的工作再展开去。

（二）展开工作范围

第一块工作园地，教授太太们跨进脚去的是学校。在昆明，由大学至小学，可以说没有一个学校，没有她们在里面工作着：联大附小，除了几位师院毕业生外，也有联大教职员的太太们，在里面担任教育下一代的工作；她们以前都有过良好的教育基础，在这基础上，现在又加上了工作的热忱，和上帝赋给女子的一颗慈母的心，用爱来抚慰着每一个小学生。联大附小之所以能闻名于全昆明，而被誉为全市办理最佳的小学，当非偶然。其他如联大附中、云南大学，都有好几位太太在里面执教鞭。

第二件事，太太们可以胜任愉快的，就是利用她们烹饪的手艺，在家里做各种各样的点心，由咖啡店、糖果铺销售，冠生园盛销一时的定胜糕，女青年会销售的西式点心，和文林商店、云大门前小咖啡店出售的面包都出之于太太们之手，这情形在当时恐怕很少有人知道。

第三件工作是刺绣，盟友们争购的绣龙围巾、各种绸缎小手帕，以及睡衣、桌布等，盟友们珍重地寄回美国去，都是太太们利用料理家务的余暇，作出来的成绩。

联大教职员眷属曾经成立过一个会，有组织地工作着，在拓东路开一门面，专售各种刺绣出品，这工作直到抗战结束，遂亦随之而结束。

《中央日报》的“妇女与儿童”副刊，曾经有过一段光荣的历史，编至一百多期以上，主持这编辑工作的就是联大的一位教授太太，她直编至离昆去平后才停止。到平后她也曾经主编过一妇女副刊，可惜没有几期，就因家务繁忙而停止了。当时在《中央日报》的“妇女与儿童”副刊，执笔为妇女问题发表言论的，很多是联大的教授太太们。

可是我们不要忘了，她们同时兼顾二件重要的工作，就是家和目前的职业。家中若是没有幼小的儿童需要照顾时，兼顾二项工作还可以对付过去，可是若是家中有一个不到二岁的婴孩时，问题就发生了。

有一位太太，每天有一定的办公时间，可是家中却有一个不到一岁的婴孩，他每天很聪明地把孩子关在她自己的小床里，自己再把大门锁上。可是有一天，当她公毕回家，发现她的爱女酣睡在血泊中，横倒在地上，苹果似的小脸上，有着一条不小的伤痕。她的心痛可以想见，爱女脸上的伤痕，将永久成为她为职业与家庭奋斗中的一个纪念。

是的，对于已婚的女子，职业与家庭永久是一个没法解开的死结，这对于曾经受过高等教育的教授太太们，这问题也是存在着。

（三）开始去解答婚姻与职业的迷

对于女人，婚姻和职业，永久是一个没有办法解答的谜，冰心把这比作一个永久解不开的死结。

现在联大的教职员太太们却想去解这死结了！

第一个办法是找一个代替者来代替她料理家中的杂务和照顾小孩，雇一个得力的女仆，似乎是最容易办到的，可是她们却遭到了困难，真是“十个女仆中九个有问题”。有的聪明的，好容易一切都教上手后，却又抛开了你走了，你没法去抓住她，人家要的是钱，更多的钱啊！有的笨得连自己的岁数都摸不清，你看着只有干着急，至于偷窃，有病的，还没有计算在内。经过多少次数的试验失败后，你的结论是“原来人比机器难管得多，美国主妇用的是机器，而咱们用的是人，中国主妇之所以比美国主妇困难百倍，原因就在于此。”

叹了一口气，你试用第二个办法，把时间重又分配妥当，孩子关在小床里，家中事堆在晚上料理，于是你觉得很舒服，这总该是一个好的处置了吧！你满意地把门销上，走进办公房去，但是你公毕返家，拖着疲乏的步子走进家去，却发现小宝贝，满身睡在稀黄粪浆里，二只小手也染黄了粪汁，嘴边还留下不少才吃完后的痕迹，你瞧着又气又好笑，没有容许你有休息的时候，你就得先把这小粪人给清理一下。这还算好，有时你还会发现她二只小手抓住了她自己干硬的大便，把它当作饼干嚼哩！这可怜的孩子，在没有人照顾之下，他真享受着她最大的自由哩！

二个人的事情，现在想一个人去支持，并且好胜心又在后面鞭策着她，使她不愿意“偷工减料”，结果吃亏的是自己的身体。一匹最精壮的马，尚且需要休息的时候，何况是人？一辆机器最结实的车子，你也不能常给它开足了马力跑啊，于是多少太太们，就在过分的劳苦之下，逐渐失去了健康，这不单只是双鬓增添了几许白发，和额上呈现了几条皱纹而已，她们的宝贝的青春，已经给繁重的工作洗刷得不留一些痕迹，她们全部的精力，已经给战时紧张的生活所消磨完了。若不是她们面前，还闪烁着胜利后重还故都的希望，若不是家庭的温暖，浸了她枯竭的心灵，对于丈夫的爱，对于子女的喜悦，紧紧地抓住着她，她可能就在家和职业这二把尖刀下，割去了生命的线索哩！

（四）邻居被感动了

这里是一个最快乐的家庭，虽然穷，并不稍减他们脸上快乐的神情。先生永久穿着那件旧蓝布大褂，夹着几本书，在一堆茅草屋子里走出走进；太太默默地不停地工作着，孩子们活泼健康，你走进他们家去，你终会喝到一杯清香扑鼻的好茶，你终能尝到一二块手制的精巧的点心，一个整齐的屋子，一瓶盛开着的花，和一屋子的阳光。

和这情形完全相反的是房主人，他有钱，在地方上有势力，他有房产，还有一位美丽的妙龄太太，可是他却常常烦闷，他不明白为什么教授的家庭竟这样地温暖？是一种什么样的力，潜伏在里面，推动着他们前进，永无畏惧永无退缩地前进着？

所以有一天，在端午节，房主人预备好了几样可口的小菜，来邀请教授全家去喝杯酒，共同过这佳节，在席间，房主人举杯诉述出他心中的烦闷，教授听罢，淡淡地一笑回答道："一个人依靠他自己的兴趣和才能，独立地做他自己喜欢做的工作，没有一点勉强，没有一点顾虑，我相信无论谁都会获得工作上的兴趣的。"

第二天，房主人就走进省政府去，辞去了他的挂名官职，并且呈请一张律师行业执照，在他住的小胡同口，还用大字写出他律师事务所几个大字，他开始执行他律师的业务；教授的一句话，改变了整个的人生观，引导他走向一条正当的道路，这就是教授的伟大处。房东太太在一旁也感到整天跑街，看电影的乏味了，她开始走进厨房去，用不熟悉的手指，学习烹调，你若瞧见她涂着满脸的脂粉口红，披着簇新的红绒大衣，在厨房走动着，也许会使你哑然失笑吧：她结婚几年，没有孩子，看见教授家的活泼可爱的孩子们，使她动了心，竟在一天晚上，她跑进育婴堂去，拖领了一个婴孩回来，疼她，爱她，就像她亲生的一般，这种邻居的感化力，胜过了一切的教育。

谁都说联大搬走了，使昆明寂静了，随着联大的迁移，使昆明街上不再见身穿蓝布大褂，手挽菜篮子，出进菜市的教授太太们，看不见文林街上，衣著整齐，活泼可爱，跳跃着跑到学校去的教授的孩子们，一种勤俭，克苦，耐劳而乐观的态度，曾经不知感动过多少昆明的居民们的，希望并没有随联大而消失，却能深深地种在昆明每一个居民的心上，像一个小小的花苞似的，逐渐盛放开来，光明灿烂，把整个城市都披上了一阵美丽的色彩，这就是联大八年在昆明所遗留给昆明的一个永久的纪念品。

（五）离别昆明

当各处鞭炮声，带来了最后胜利的消息，传到教授太太们的耳朵里时，她们竟不相信自己的耳朵，这突兀的，出于意料之外的喜讯，带给她们的，并不是喜悦，而是更多的忙碌。八年来守在身边，陆续添置的家具和衣物等，现在却对它没有办法了。抛弃了，未免可惜，带是无从带起，因为无论乘车子，坐飞机，每人的行李是以公斤为单位的，唯一的办法就是摆地摊出卖了。

于是昆明大小街道上，逐渐增多的地摊，就是她们的成绩。早晨，料理过家务后，带着子女，背着包裹，走到热闹的街道上，很熟娴的把包袱铺在地上，东西一件件的摆开来，太太坐在正中央，旁边是二个大一点的子女做助手，小眼睛骨碌碌地注视着东西，小心着旁观者的手，因为半偷半买是成了每一个地摊的常事了。这样直到傍晚的霞红色，绕缭在树梢上，才卷起卖不掉的东西，走回家去。日子一天天这样打发过去，家中只剩下四壁空空了。想起这些破旧的东西，曾经在八年来，陪伴着她们度过多少艰苦的岁月，旧棉袍，抵挡住多少寒冷的冬天，现在一件件的廉价卖到别的生疏的人的手里去时，未免有些伤心。

最后有一天，突然接到学校通知，明天乘机离昆，那一阵子的忙碌，心中给各种不同的感情绞咬住了，说不出是喜是悲。匆匆地乘车至飞机场，一架银白色的巨型大飞机，已巍然停立在碧绿的草地上，伟大而壮观。这人类智慧的产物，用以克服空间，控制自然，平时，只瞧见它们在自己头顶上忽的一声掠过去，留下一点白色的东西，飘在远远的天空中的，现在自己竟能登上去了，这真像是做梦。

飞机上升了，昆明渐渐地变得渺小，停留在自己的脚下，那么整齐，那么美丽，房子一幢幢地排列着，田亩一方方的展开来，直接到天边。银白色的昆明湖，像一面小小的明亮的镜子。看着，看着，看到最后，只见棉絮般的白云时，不禁心中一阵酸痛。

这里有我们八年来辛酸的岁月，里面包含着多少热血和眼泪，有我们熟悉的高低不平的石头子的街道，有各式各样的小铺子，有和我们往来过，在我们的脑中留下一段历史的昆明朋友，也有欺骗过我们的小商人，狡猾的商店里的老板们；昆明那永久蔚蓝得像宝石似的天空，没有一片云彩，夏天急雨过后，那一轮美丽的虹，从山那边，直跨过上空，停落在市区里。昆明的光顶的山，澄清的湖，危立在山顶上的大松树，这一切，以后只有向记忆中去觅取了！

离别了，昆明这八年陪伴着我们渡过一段最艰苦生活的小小的城市！

（六）重回清华

带着八年生活的创伤，重又回到清华园。离别近十年，有着锅底顶的大礼堂，曲折幽静的工字厅，高耸入云的气象台，一切如旧，在外边看不出有什么改变。是的，这些永恒的，永久不会有什么变化，而在这里面休息着的，生长着的人们，却都改了样。当你迎面遇见一个面熟的清华人时，你不禁感觉到兴奋，但当你走近前去，瞧见那一头以前青油油的，现在却让岁月冲淡了色，变成一头银白色的头发时，你禁不住心酸。

坐在你以前常坐的椅子里，瞧着一切你在昆明时，梦中常瞧见的东西时，你笑了，这里是清华，你扑扑身上的尘灰，站了起来，现在似乎是该你休息的时候吧！因为你已回到了清华园。

一阵紧一阵的西北风，把太阳吹得暗淡失色，终于躲到云里去了。风雪带来了严冬，瞧着孩子们身上的单薄衣裳，想到在昆明时摆地摊廉价出卖的旧棉袍，真使你心痛！咬着牙，把每天伙食钱中省下来的钱买了布，买了棉花，一针又一针的缝了起来，白天不得空，晚上在一灯如豆的微红色灯光下再缝，这情景使你想起昆明。坐在清华园的舒适的教职员住宅里，过的却比在昆明时更艰苦的生活，这又岂是当年梦想回清华园时所想象到的？

更使你烦神的是北平用的是煤，而昆明用的却是又省事，又干净，又便宜的炭；可是你不要看那黑黝黝发着金属光亮的煤，这，在这冰天雪地的北平，煤是比什么都宝贵，整捆整捆的纸票，却只能换来一小点煤，放在炉中烧不了几天，看见炉中萤萤的火光时，有一位太太笑着说："你不看见钞票在那里笑了吗？"

永久使主妇们伤脑筋的是女仆的问题，在昆明如此，返清华后仍是如此。记得在昆明时，曾经看见过昆明报纸上，用大字登载着征求北平女仆的启事，因为北平女仆是有名能干，可是现在回来了，却发现情形并不如此。北平的穷人们，在日本人的淫威下，敢怒不敢言，几年来非人生活，刬平了人们应具的锐气，更把心中的忿恨，用不合作的方式发泄出来。面上堆满笑容，嘴里说着动人的话儿，谄媚乞怜，可是你一转身，立刻又换了个样儿，做事慢，慢得你心里发痒，一件事一天可以做完的，拖到明天做。走起路来，一步改做二步踱，你看看她，正想开腔时，她却先对你笑了。没法，把忿怒咽下肚去，这就是现在的北平仆人，是给日本八年统治过这地方，教育出来的成绩。

虽然这里是清华园，主妇们仍旧在厨房里忙着，仍旧拿起针线缝着，仍旧在柴米油盐上焦急着，生活反更见清苦。所以当一位城里来的太太，走进清华园的教职员宿舍时，轻轻地对着朋友说："怎么这里这么静，连一点声音都听不见啊！"欢笑声早已随着辛苦的岁月，离开了教职员太太们的嘴角了哩，虽然她们已重回到清华园！

（七）几个例子

抗战近十年，在这十年中，有多少血和泪的故事，就拿教授太太们的生活来说，她们用她们的血和肉来抵挡住那像潮水般上涨着，也像潮水般要淹没了她们小小家庭的物价，但是她们勇敢地站立着，不后退一步，她们的英勇，事实上可以和在前线流血的勇士相比美。

我现在举两个最动人的例子。

有一位太太，她是五个孩子的母亲。抗战以来，她始终辛勤艰苦地工作着，没有一个女仆帮忙。一早起来，她和别的太太一样，手挽菜篮，去菜市买菜。有一次她买菜回来，恰巧碰见了一位当地的名人夫人，那名夫人，瞧见她提着笨重的菜篮，惊奇得半天圆睁着眼，说不出话来，可是，我们耐苦的太太，却很自然的，把她请到家中去小坐。

有一次，他侍候完了家中人的饭菜后，孩子们急匆匆地挟起书本上课去，她一人静静地收拾残剩，突然一阵头晕，她几乎倒在地上，好容易自己支撑着坐了起来，心里想："要是我现在真的晕倒了，有谁知道啊！"想着，不禁流下泪来，抬起头来，看见楼下学校的工友们，正在阶前阳光下打着瞌睡，她叹了一口气，重又收拾起碗碟，回厨房去。

可是她这样的辛苦，并不能维持一家最低限度的生活。于是她在空时，利用烹调的技巧，做定胜糕在冠生园销售。当时昆明有名的定胜糕，盟友和一般中上阶级的人士，争相定购的定胜糕，就出之于这位太太之手。她天天下午，家事料理完毕后，提着糕，穿过闹市，走到冠生园去销售。她没有坐过车子，始终是在昆明的七高八低的石头子路上来回走着。终于有一天，让石子刮破了脚心，脚底生脓溃烂起来。她病倒在医院里，同事的太太们知道了去探望她，瞧见她只有白面粑粑充饥，感动得拉着她的手叫了起来："这不成，× 太太，你至少也得要有一个鸡蛋吃吃啊！"但是她却淡淡的说："我孩子们在家里，不也没有鸡蛋吃吗？"

昆明当地的人，有宴会，总喜欢邀请联大行政人员和名教授们赴席，这对于他们，以为是一种尊敬的表示，而不知更苦了教授太太们。不出席吧，怕人家有所误会，出席吧，真不容易，摆脱开家务，分出身子来，在石子路上走半天才走到宴会地点。其他客人都是由汽车里跳出来，而她们却走得满头是汗。宴会完毕，该休息了，然而不，一大盆衣服正在等着她洗，她默默地在盆前坐了下来，独自在搓板上洗着衣服，让洗衣的单调声和远处的打更声相唱和。

过度的操劳，终于拉她重又回到病床上。当医生给她检查过身体后，医生感动得拍着她的肩膀说："× 太太，你一定得睡下来休息，你的身体已不容许你再操劳下去！"在亲属的哀求下，朋友的劝告下，她睡在床上着急，但当我们去探望她时，她却拿着一本很厚的新出版的美国书在看。她笑着对我们说："平时书报对于我可是可望而不可接，现在我倒好了，有时候可以看看书了。"瞧着她兴奋着的脸，我们说不出话来。这次，在我们的劝告下，她开始每天订一小瓶牛乳喝。（虽然昆明的牛乳是等于水一般的清淡。

现在重返清华园了，她照例休息了，但是我们却常看见她坐在拥挤的大汽车里进城去，她又活跃在各种妇女工作上去。一个善良的灵魂，是永远不知道休息的。

还有一位太太，有六个孩子。在抗战期中，是孩子最多，受苦愈深，可是这位太太还照管了二个没有母亲的孩子们的衣和食，直至最后给别的太太们知道了，共同发起捐款，在胜利时送这二个孩子回到他们的爸爸身边去，这种见义勇为的精神是深深地使人感动的。

不要以为太太们在战争期中，都为了生活，而忘了学业，并没有。一位太太在料理家务，照顾孩子之余，还在一个中学里教书，而在课后，翻译一本世界教育名著，已完成三分之二。这位太太是曾经远渡重洋，专攻教育，是一位有名的教育专家，虽然在战乱中，一切都没有上轨道，但是她却仍旧没有丢弃了书本子。

更有一位有名的女作家，可是上帝好像也嫉妒她的才能似的，常让病魔缠着她，使她不能充分发展她的才能而常呻吟在病榻上。有一次朋友去看她，看见床前小桌上，还架着一架小缝衣机，在病中，她还挣扎着为孩子们缝衣。

使这些妇女中优秀份子的一部份，在抗战期中，都这样地被生活折磨着，让她们充实的光阴，消耗在几粒米上，几根柴上，这真是国家最大的浪费。她们的时间应当用在推动妇女运动上，各种社会事业上，使她们的才能，有充分发展的机会，为国为民，都能得到莫大的利益。在现在，中国真真需要人才时，却把这些受过高等教育的教授太太们，困禁在家的小樊笼中，更让贫苦，摧毁了她们的健康，这就是中国。

尾　声

这些教授太太们，无疑的是妇女中比较优秀的一部分，在抗战期中，她们却被生活折磨着，让她们宝贵的光阴，消耗在几粒米上，几根柴上，这真是国家最大浪费：她们的时间应当用在推进妇女运动上，谋求人类幸福上和各种社会事业上，让她们的才能有充分发展的机会。在现在中国各方面都需要人才时，却让这些受过高等教育的教授太太们，困禁在家的樊笼中，更让贫苦摧毁了她们的健康，真太可惜！

一九四六年四月于清华园

选自一九四七年三月九日、三月十六日、五月二十七日、六月三日、六月十日、六月十七日、六月二十四日《清华周刊》及一九四七年五月九日、十一日、十三日、十四日、十六日昆明《中央日报》。本文先后以“郁芳”、“芳郁”等笔名发表，作者系联大哲学心理学系主任周先庚夫人郑芳

// 破皮鞋的故事

子　禾

从昆明到下江，为我担忧了好几年阖家老小，在议论过我的肥瘦和气色之后，就注意到我的皮鞋。

“你这双皮鞋，是黄的还是黑的呀！”

三姊的眼睛是极尖的。这倒使我一愣。我明白，因为懒得擦油关系，我的黑皮鞋鞋尖鞋跟早已磨白了，但是，无论如何，黑皮鞋总不会变成黄的呀！于是我郑重其事地弯腰细察一番，可不是！那些远没有来得及发白的地方，已透出一层黄意了。

“这几年，也不知道在外面怎么的！”老人家的眼泪又要下来了。“赶紧脱掉！穿在脚上，怕不有五斤重！拿双拖鞋给他换换脚！”

对一双旧皮鞋发生感情的人，怕不大会有吧！但这时候我忽然不大愿意脱掉它了。我想找个借口来拒绝这全然和于爱怜的建议。我说，穿惯了厚底的，薄底的拖鞋怕不合脚，穿上准会滑一交。

“你那付车胎多好呀！驼驼拐拐的，怕不有半寸厚！个子已经那么高了，专会拔长，就是不胖，瘦得像痨精似的——”

在泪随声下的威胁下，我只得做一个听话的孩子——虽然我对这双“敝履”的感情似乎又深了几分。

这以后的几天，我开始出门访友，自然又套上那双云南土制皮鞋。我倒并不想装成一付“艺术家”或名士派。早晚闲看着没事，也已经在家里找出皮鞋油，替它开了光了。套在脚上，宽松，软熟，结实，跨一步，稳健可靠，真像是我脚上的一部分——我真的更喜欢它了。

无奈一家人的感觉并不和我相同。大家几乎是异口同声的说，这里比不上荒山野地，而年纪青青的人出门出户，总要打扮得整整齐齐，头是头，脚是脚，别给外人看成一付穷酸相。夏天没有白的，也得穿一双黄皮鞋，车胎底是尤其要不得的。舍不得买，或者没有钱吗？三姊第一天就说要送我一双了，只等我这双脚送到皮鞋店里去试尺寸。而我这付怪脾气，整天在外面东跑西荡，单不肯拢一家皮鞋店。

“这是人情世故，你也得学学！年纪不小啦！几年书一念，不曾念得通，倒变成一个书呆子了？”

如果老人家的怜爱还不足以使我弃绝这双皮鞋如敝屣，世俗的人情世故就徒然激起我无名的反感，使我益发敝帚自珍了。我也不知道我的书究竟念通了没有，但我却自信我很忠于感情，而重视回忆了。这双土气的皮鞋是大姊买给我的。她每看到我的皮鞋破了就给我个一双新的。她在昆明附近一个医院里服务，曾因为产后的劳碌病了一年多，病刚好又挣扎着为生活而工作了。那时我在昆明一个学校里读书，同时又在一个学校里带课。吃粉笔灰所得，竟没有余钱给我买一双皮鞋，还得穿大姊的。昆明那地方，舶来品多的是。但我们实在也只能穿土制的了。而且，每天东奔西跑十多里地，脚底下多半是带稜角的石子，事实上也只有“半寸厚”的车胎底才能任重致远。这破皮鞋，它当然登不上大雅之堂，以及一切富丽华贵的所在；但它却参加过万人的行列，吻过高原上的圣地。它曾经为我服务了近一年，也曾驮着我去为更多的人服务。我们这一伙儿，全是穿着得极其马虎的。但并不曾因为这付“穷酸相”受过别人的白眼。大家忙这忙那，其实很少时间会注意自己的衣着上去。今天我看着它踹踏的跟，磨白了的鞋尖，我想到那些辛苦而有内容的日子，想到我在高原上通过工作而结下的友谊，我不知道这种感情是否所谓人情；我也不知道什么是世故，但我却知道什么是世界上最美丽的。好些人内地一转，胜利后便腰缠万贯，衣锦荣归了。我的年青的友朋中也不乏这样的“幸运者”。或者我家乡的亲友们，乃正至家里一两个上了年纪的老人，会惊讶于我的穷酸得买不起一双皮鞋吧！但我觉得这几年我在大后方也没有白辛苦，我也得到了不少可贵的东西。

这些话，我当然都不会说出来，否则，他们将更耽心我的呆气，甚至会说我读书已读到牛角尖里去了吧！你看，我已经脱下我那双半黄半黑的“敝履”，换上一双光可鉴人的胶底黄皮鞋了。不过，我已爱上了那双“敝履”，我将把它收藏着，作为一段不太平凡的生活的纪念。

选自《清华周刊》一九四七年三月二十三日

// 结婚第一年

——我的妻子

吴讷孙

我现在想写一个人，想写得不偏不倚，想不使被写的人蒙上什么不应受的责备，同时也不要委屈了我自己。我所以要如此说者，因为我和她的关系太密切，我所要写的事，也同时都与我有关。她现在是我最亲近的人，同时也是使我痛苦者。她不是别人，就是我的妻子。

我们的结合，按说应该是最不该有不如意的事的。我们有很多年的友谊，我们彼此认识得自以为很清楚（实在也是很清楚），我们的爱情是很自然的产生出来的，我们不曾受到一点外力的撮合。我们是同在一个大学毕业的。我们同级，所学的也是一样的，在校时便成天厮守着，为人称羡。毕业了，结了婚。人人都觉得一定是场美满的婚姻。不会有什么变故。我们当时又何尝不那样想呢？

从前，我们也常谈到婚后种种，也检讨过朋友们的婚事何以成为苦恼。我们明白婚前宜亲近，却切忌放任。婚后更要相敬如宾，不宜太狎媟。我们也的确洁身自爱，很适量的节制自己。我们从不纵性狂欢，我们总以此相戒，同时更安慰自己说："我们今日少享用一点欢乐，因为我们要延长欢乐的寿命。我们省下一半酒不喝，等它的味越藏越醇！"我们总是期望白头偕老。我们虽年青，我们却深能了解白头偕老之乐。我们不只顾眼前。我们对将来既看得准，我们便肯在眼前出下代价。

但是谁能料到一切都与理想相背呢？谁能想到我们的将来和目前全都失掉了呢？

我的妻子貌美，聪明，活泼，有学识。假如她不是我的妻子，我可以把我所能想得出的好字眼儿全加在她身上。但是她是我的妻子，在这一点上，不能叫我说她是一个好妻子，那便一切都完了。女人变得真快。一成了妻子，就完全变了样子。我总觉得女人终归要成为人妻，那否则只称为人，不必折重在"女"字。所以，在"为人妻"这一点上做不到家，连个"好女人"也称不上了。

我们结婚时，两个人都是有职业的，我留在学校里为助教，她在一个中学里作教员。我们的预算，是把两人的收入都算在一起的。她的事情比起我的要繁重一点。但是她坚持要做。她说的话我仍清楚的记得："吾爱！（她用的是英语）我怎么忍心见你一人辛苦？你是要叫我天天不能心安吗？叫我痛苦吗？我们不是说过两个人都服务才互相对得起；才对得起培植我们的国家吗？”

当时我听见这种话，你能说我不高兴吗？我那时口中虽未说出来，心上却的确赞赏我妻子的贤明，知大体。我那时所不放心的只是她工作太多。中学生又调皮，不是一个老实用功的初毕业的学生可以管束得来的。我怕她受不了那份苦，怕她受不下旧同事，老上司，及学生的气。但是我转念一想，她既然这么热心想去，就让她去才好，也许她竟能应付裕如，也许爱情可增加她的勇气。我还是不要伤她的自尊心为是。况且，更要紧的是我一个人的薪金有限，也难保没有额外需钱用的事情。

事情之变糟往往只是一些微小的因子所促成。固然我常怨的是女人一结婚便如牛乳隔了夜会变味。而其实许多事实上的挫折也怨我们太没有想到了。

我们的职业都很清苦，我为了求深造便留在校里，校里薪金只是津贴性质，是很少的，妻因为找事不容易便就了那个苦差。我因她多受了点委屈，提议把家搬到邻近她教书的地方，省得她整天跑路太累。她也觉着不妨多受一点我的好意，我们可更显得相爱一点。这提议便通过了，并决定由她在下课后，去学校附近一带找房子。

过了些时，我找到了两处，同她一起去看，一所比较远一点。房子太坏，同院人也杂，就是租金便宜。另一处便在学校对门巷子里，房子有三大间，空气，光线都好，外表也漂亮些。尤其合宜的是房东愿供家具，又可叫房东的用人挑水，及作一点零星事情。我问房租多少，妻忙回答我说："你先听我说，吾爱！这里是贵一点，可是我们也可以省下点钱来，比方可以不用买家具，可以不用人，我离得近，可以随时回来照看。再说我们每天精疲力尽的回了来，在破房子里呆着也不愉快，若偶而有个朋友来，这房子也像样一点。"她这么一说，我也不愿过拂其意，也就答应了。于是为了怕她不高兴，我们每月增加了六分之一的负担。

我记得查里斯兰姆（Charles Lamb）曾有一篇文章，述一个独身者对于结婚者的抱怨。他说的似乎是女人一结了婚便自觉伟大了。议论风生，指摘批评都来得快。别人的话都不会对，只有她丈夫，她自己，甚至她的小娃娃才有理，并且永远忘不了她的婚事，一直到老也认为是她的生平大杰作。我的妻虽不如此，我也只能说她表面上是不一样而已。因为她到底是有学识，有思想的，然而性质则实在是一样。她自有妙法把这性质以有学识有思想的态度出之。并且表演得淋漓尽致，更为可怕。

我们迁居才半个月（距结婚尚不足一月），我们谁都还不曾领到第一次的薪水。她已屡屡示意要在新居招待一次朋友。她表示过几次了。我也早看出来。我却没想透她的心思。她说的都是很惋惜的话，比方她说："可惜我们时间太少，否则我们的房子，陈设很可以请一次客了。"或者说："我新近跟某同事太太学会了一样菜。她们在家便常常请客的。她这一手菜就不知道替她的丈夫拉拢了多少友谊，真能干的太太呵！”或者又说：“我想真是多余了，天天应酬，我们的钱便不作那些用。”

我都当真听话了。后来才知道她是在什么《促进家庭幸福》，什么《驭夫术》一类书上看来的办法。她以为，某一方面的愿望要由对方口中提出，才能显出家庭快乐。谁知我糊涂了这些日子。这事是在一个星期日她早起去会朋友时，我看她把手中一本书遗落在桌上，我检起预备追交给她时发现的。因我未追上她，便自己翻了翻这书，才发现这促进幸福的秘诀。

那时，我们已过着很节俭的日子等薪水了。我却毫不犹豫地去向朋友借了钱。我回来向妻子说希望她能办好一个快乐的宴会，叫朋友们也同享我们家庭之和乐空气。她起初还说怕弄不好，然而已喜上眉梢。随后说：“你的话真对呢！吾爱！我也正打算在咱们家里替某先生某小姐成全好事。结婚的好处真非独身者所能料到！我们正该推己及人。我们的办法真是最好的了，一定也要他们仿效。我早想常常请他们来玩，多多给他们接近机会，可是没有什么请人家也总不好意思开口……”底下更是说了一场大道理。

人逢喜事精神爽，我把钱交给她，她话也多起来了。我现在深叹受了如她受高等教育的人仍不免如此，别人更可知了。但是当时我却的确也因她的高兴而十分快乐。十分惭愧借的钱太少。

第二个星期日，我们宴客了，详细情形，说也无味，总之十分失败就是了。单就盘子一样，便不知出了多少乱子。早上她把我閧出去，游荡了一天，下午回来，看她已忙乱得精神都失了。她自告奋勇向房东借了一套瓷器来，单单在未请客之先把一个最大的盘子摔破了。吃饭时端上来的菜自然不会十分好，而盘子洗得不干净最叫人恶心。她手上的油腻全印在盘子边上。有一样就是她预备大显身手的好菜，因配料买不齐全，临时改为三个小菜，于是盘子又不够用了。她又出来把吃完的菜收回去，重新盛菜端出来。这回痛痛快快不洗它们了；她很得意的陪笑说："同学们最不在乎这些了。"而我的客人，她的客人都因她这么上下翻飞的跑，不好意思坐下来多吃。

我回来招待客人时，她把我推到寝室叫我穿上干净衣服，一切事不必我下手。后来她忙了，又怪我不帮她。结果两个人都像作了八年厨司一样，污了全身，跑来跑去。

结果，我花了三倍的钱，请客人吃了一餐无一菜有味的饭，而联络感情呢，我想不连我夫妇俩的感情弄破已是万幸。她在谈话时，谈风奇健，无秩序，无滋味，不让人。材料似乎预备得太丰富，不知先说什么好，弄得满座都倦了，也许已发誓不再来了，她才高兴起来。至于她要成全好事的某先生同某女士，则根本一个也未请到。我的几个知交，怕我难堪，均早早辞去了。

客散了，已是晚上十时，她真倦了。我心静了下来，想她仍是可爱的；她作这些事，本来不会作好的。一个学化学的用功学生，作到这样已不容易；何况她是一片好心为讨我欢喜！她平日多忙，又要添辛苦！我因从她所请，去代她办善后事情，洗碗，刷筷子。去和房东太太赔盘子；她一口晚饭没吃，又陪她去吃宵夜。我叫了汽车一同回来，在车上她便倚着我睡着了。

第二天早上，她精神恢复了，忘了昨夜所有的狼狈情景。只记得她临时把一样大菜改成三样小吃的急智，一连向我吹了三次牛。晚上我们算一算账（其实那点有限的钱，谁也记得清清楚楚地），她失惊道："哎呀！吾爱！我们的钱亏空了！你从什么地方来的钱呀！"我心里很讨厌的又想到她那什么术的书上去了。我想她是在照着试验室的书作试验了，在表演了。我本想骗她说是校里额外的办公费，现在却脱口而出，说是"我为请客向 ×× 借钱！"她登时投到我怀里，大哭了起来，哭得十分伤心，把事从头述了一遍，她说她很明白我是为了要满足她一次宴客的欲望，才说我自己要请客，才负债。说"我一定要守分的作一个好主妇，我们再也不应酬，一直到我们年老的时候！我们的快乐不在那里！"

我心又软了。我说我们不久便可领到薪水，一切都容易解决，我说我明白她心完全是为我好的。她才破涕为笑。我们的确又过些快乐日子。

结婚差不多半年。有一日她照往常在屋里等我回家，却是带了一脸不高兴的颜色，向我说了许多不满意她职业的话。这话我本也听过，她不能求深造，学生又不用功，我也都明白的；我也在校中设了法，明年我们可以双双做助教，不用她再教什么中学了。今天她说得骂学校的话特别多，原来，她有个学生太不用功，嘴又尖利，为了争分数，很奚落了她一场。她很不痛快。我这天也很疲乏，安慰她的话也说少了。第二天早上，她说有一点发烧。下午我回来看她躺在床上未起。房东太太在床边坐了守着她，看我一进门两个人一齐进攻，说她派人也不知道到学校中去找了我几趟，都没回信，中午我也不回来一趟。要不是房东太太，她竟会连一口水也喝不着的。她是抱委屈，房东太太是表功。我被骂得结舌张口，又着急她真病了。一面拿钱去谢送信而找不着我的用人，一面把她送去医院，叫房东太太看护也不是事。

我便天天一面工作一面去医院看她，晚上自己拿锁开开房门睡觉，三顿饭没一顿吃得好。天天给她送牛奶，火腿，听她说她多爱我。

她病了半个多月才好，事情也掉了。她便在家中作点琐事，等明年同我一起作助教。起先还在家理事，后来说真想不到学化学作了管家婆，便天天出门去。我只有自己烧水吃，心烦极了，有时也有小争吵。

暑期快到了。我在暑假中无工作却又有薪水，因而又找了个小事做做贴补家用，我们常常在家，感情又好起来，常常谈起许多开学后二人皆有收入时的快乐计划。

暑假过了一半，她的孕也大了，这一层我们没有想到，她大腹便便当然不能作事，学校当局说她一天工作也没有做，只好等将来就事时再计薪水。一切便又都完了。

如今结婚不到一年，一切便已都绝望了。这以上所述的，即使不发生结果也一样；因为人的个性既已如此，不发生这种也自会发生那种，然后造成同样结果。她只知用功，一切便都照了书办。谁知偏偏不合人情。昔日我们相戒别太罗曼蒂克了，如今才知道我们这种人想罗曼蒂克也不成。我们本本分分的或可白头偕老，但是因好心的多事，便打碎了梦想。

我们都是久离家的人，我想我们这种在学校长大的人，只能最多作到助人热心，却很难共营一个家庭生活。我们对家庭中别人的心理知道得太少了。

她失业又多日了，现在看小孩子也十分感到兴趣了。我也破开脸向父母亲要钱供家用，她也知道，却又不愿闻。

我虽才毕业一年，却像老了十岁，甚至觉出此生就已不可免的走这么一条路了。什么深造，什么学术上夫妇的共同研究全完了。我每天看见她都没有什么感觉。顶多顶多考虑一下不能实行，又不能出口的可怕计划而已。

这是我的婚姻，我的妻子，岂是当初能想到的吗？当初会想到我竟考虑这件事吗？那更堪想如今才一年！

选自《西风副刊》一九四〇年六月十六日第二十二期

// 悼贾性甫君

——对于一个平凡人物的怀悼

赵捷民

日子过的真快，性甫兄跳滇池自杀的事，已经成了历史故事，距离人类渐渐的远了，许多人也许对他渐渐的模糊至于遗忘了！但是在他的朋友及有着同情的人们，相信会永远不能忘记这一只长途奔忙疲倦而落水的孤鸿！

我和他的认识只是在二年前冈头村的南菁中学，我们虽然是同学但他在理学院我在文学院，年级又比我高些，所以在北平一直不认得。当我二十七年来昆复学时他又毕业了，直等到在南菁同事教书才成了好朋友！

从此我们天天在课外谈，一同进城。他脾气直率，追求真理敢作敢当，我们很谈得来，他教书又是颇负责任而严格的，记得有一次上课 ××× 小姐拿出一面镜子照太阳影子，他马上跑过去，把镜子夺过摔得粉碎，所以任何的学生都怕他！

南菁的环境很美，如世外桃源，他很可以常久的在那里住一下，可惜他此时又犯了喉咙痛的病，（据说在宜良教书时也犯过一次），虽然不到一星期又好了，但是他的身体较弱，不惯和同学共食，（那时南菁师生共饮食，饭食较坏）。所以到寒假就不干了，我也和他一同回到昆明。记得在回昆明的路上，我们同雇了一辆马车，我们的东西堆在车上，我俩坐在最上面，不料马在路上一惊，我由上而摔下，车轮从我腰下碾过，幸得我身体康健，没有伤到内部，只把肉碾破，他因拉我也把臂擦破了！

此后我去女中任教，他跟了我们一位同学到保山办学。去年因为迤西吃紧又回来，再在盘溪中学任教务半年，很不得志，回来见我时，喉咙已哑得不能发声，当时我请他住在女中休养，不久又好些了！今年春天，他又跟我一位朋友到玉溪中学去教书，不到两周，喉咙哑病又犯了，一月后辞职回来！

我记得他在去玉溪以前，我的那位朋友硬拉他去，他说“我不想下乡了，同捷民在一个学校教教书算了！”但是事情是如此的不巧，我在昆明服务的学校，竟没有一个机会给他，他只好再下乡。

他这次回昆，住在 ×× 旅社，曾给我一封信说：“捷民兄：弟本日抵昆下榻于 ×× 路 ×× 旅社，因病不便出门，有暇请速来一晤。最好一人来，不足为外人道也。匆此，顺祝健康！ 弟性甫五月一日”。

我看到此信后，马上去看他，见他住在一间小屋中，光线空气都不流通！他的喉咙哑的又很利害！

“我的病没有希望了，我多少年来用的书，在玉溪全烧完了！”他伤感着说。

“何必如此消极？养几天自会好的！”

“喉咙不能发声，我已不想奋斗了！”

“你这几年是不应该教书的，难道自己还不知道自己的身体么？”

“知道！死了拉倒！”……

我劝慰他一回，又回来了。

空袭后的一天晚上，我又去看他，他向我冷笑着说他那天去西山下滇池自杀一回，被壮丁救住，没有成功！许多有姓名的证件，都烧掉了，希望无人知道把行李箱子拟统统白送给旅馆啊！

我又详细的解释自杀的不当而劝慰他，他略达观些！此后我每天看他一次，替他弄钱，因为那个旅馆嘈杂，我劝他到朋友处住，他不愿意多见人，同时我又知道他到大观楼找过一次自杀的地点，我只好向朋友集钱，让他住医院。那时我们只凑到一千块钱，我向医生说许多好话，才允许他暂住在××医院。我看他精神比前好些，因为自己的工作也忙，给他凑足了钱，改为隔一天看他一次。

谁也没有想到只住了一周，他又要出院。我那天真有点不高兴，但他详细的告诉我，医生对他冷淡，病也不见好，不如出去养养，我知道了其中的苦衷，又原谅了他！

他既不愿住在朋友处，我只好给他找合适的旅馆，由××旅社移到翠湖旅社，终于搬到社会处公寓，是比较最便宜的了！

此时他好久没有谈到自杀的问题，我们的心也放宽些。我无论工作如何的繁忙，仍是隔一天看他一次。说些有趣的笑话给他听。他也很高兴的听着。

有一天晚上，他忽然向我哭了！他说：

"我的病恐怕没有希望了，××同乡会捐款也不一定有希望！安眠药水也买不到！我连累你最利害！虽亲兄弟也不如！"

"不要难过了！慢慢的养着，自会好的，钱不成问题。"

"那套西装送给你，否则便宜他人！我所遗留的东西，你卖了还我欠朋友的帐！我连累了许多的朋友！"

"不要说这些，安心养病，你没有连累谁，我们是应该帮忙的。"

从此他又达观些，我也安心些！但他在北平时曾帮一位同乡捐款治好了病。这一次他请同乡会捐款未能十分成功，也是使他最难过的！

以后他的病与忧虑又似乎加重些，但并没有谈到自杀的问题，所以我还安心的每隔一天看他一次。

谁知他在六月三十号竟出走呢？出走前一天，我和他谈，他有时笑笑，并没有什么异样。我第二天发见他失踪，赶快登《中央日报》寻找，可是并无有消息，同时见到报纸上寻狗的广告似乎比寻找他更有人重视，因为寻狗的悬赏是 × 千元呢！

报上寻找不着，我同之秋兄在一个风雨飘摇的下午坐汽车到西山寻找，由龙门之下一个放牛老人的口中知道他确跳湖自杀了！我同之秋到湖边去看，他冷清清的一个人倒在岸上，混身肿了，手像戴了手套一样，脸上是污泥和血（救护人拖头发拖的），西服扣开了，鞋子也没有了！我混身好像通了电流似的，呆立着不动，立刻来了一阵大雨，好似上天也悲怜他。他的周身我又似乎看不清楚了！

踏着黄土泥从高峣坐车回来，我俩凑了钱，给他买了一口棺材，在一个风雨的上午，之秋、毓樟、联大王先生和我一同坐船送棺材到西山下，晚六时才算请他入了棺，第二天我同毓樟又去，他才得安稳稳的睡在西山坡上！

他在生前，是人格最完善的人，从不占人的便宜，在病前没有欠过任何人的债，自己刻苦俭省的奋斗着，在病中他也未向我们开口想找钱，都是我们自愿给他找的！

他几年来的服务，也省下些衣物，但从不拍卖，在病中常说，为的是死后还债，免得连累朋友，他的远去西山自杀，就是为的葬身鱼腹，漂流远方，使熟人不易找到。就是旁人发现，因为他早毁灭了姓名机关团体等根据，也难以认出他是谁！但我和之秋仍是侦探似的找到了他，也许是他生前没有想到的！

据本地人说打捞他上岸之后，他身上尚有钢笔一支，怀

表一个，国币四百五十四元，及二个粉笔条，粉笔是他自己打算送给打捞人的。粉笔条是他自己也未想到的错误，象征了粉笔生涯结束了他的一生！

他的家世详细情形，很少告诉人，仿佛他已结过婚，并有一个女孩，那次病中向我说：

“我六年来，第一次写家信，不知能收到否？”

“我想送你到陕西去，或坐飞机去，那里熟人多的，也许比较好！”我说。

“好的！不过终久是一个 DREAM（他在青岛大学学过一年英文，所以好讲话用英文字，后重入北大化学系）。”“不要说是梦，一定可以作到的。”

他死前一天 ×× 旅馆的房价又加了，一个工人嫌他病，总希望他搬走，他在病中，曾打了那工人两拳！那天我们退他的房租，那工人多要去我们一日的房钱！他所恨的，多是些坏人！

他的死是为了经济压迫，为了病为了人情的冷淡，……究竟他应该死么？是不应该的，但是他怀疑社会上有人用冷水浇他的多病之身，所以他充满了怨愤，也许他是想错了？

在他病中我到处给他找温暖热情，我也曾向玉溪中学给他捐款（这些他始终不知道，因为他反对）。把心绪繁乱写成的短文交 ××× 报的编者，蒙编者发表给以莫大的同情！

他的死去，我有时觉得并不真实的，也许他藏在深山中再不愿见世人了罢！但我又明明的看到他的尸体睡在滇池边上，受着风吹雨打日晒的痛苦。真没有想到一个受了国家高等教育而服务中等教育界多年青年人的人，竟是如此的下场！

西山苍苍，东海茫茫！昭君葬身之地的游子，竟远葬在南天西山，不是北方的青冢，而只是一杯黄土。

迷途的羔羊们，渐渐的被人不注意了，羔羊的好友，相信永远在念着他。号称羔羊的看护者，还不积极的给羔羊们找出路么？

七，于昆明望京楼旁。

选自《大观楼旬刊》一九四三年十月十日第二卷第十期

// 数目字的生活

—— 一个怪人

赵捷民

怪人是我的同学，而且是我的一个最密切的朋友。他和我从小同学，一直到大学的现在还是同学。

他早晨起得不太早也不太晚，可是起床竟是那样慢，总得半点钟。他首先坐起，要仔细检查他所应穿的衣服，每件衣服都要用手拍一下。假如衣服上有很小一粒黑点，也要用力把它擦去。穿鞋时，把鞋都要里外看过，并且摔打一回，才穿上，好像鞋里藏着甚么讨厌的动物似的。

吃饭也得花费相当时间，虽然因为他吃得多。原因是，假如他每顿吃四碗饭，那么无论如何也要吃四碗饭，无论饭前饱饿，有无菜肴。

上课前，要有十分钟照镜子。他真爱修饰吗？其实不是。

要看看旁的同学的表，虽然看清楚了，还要三次四次的看。闹的同学，都觉好笑，可是他倒满不在乎。路上走着，走了几步，常要站一站，或望一望。上课迟到，他倒不在乎。联大因为座位少，不够分配，越是旁的同学爱早到的课，他越爱迟到。

他很用功，除了上课外，每天在图书馆里看课外书，所以程度很好。在图书馆里，有时爱注意女生的动作。回来和同屋的朋友，谈些某女生的性格，引得大家都好笑。

他喜欢在晚上睡觉前大便。有时他和大家谈起笑话，忘了大便，一直到熄了灯，大家都不说话了，他才自己趁着黑夜，到一个暗的厕所去。晚上睡觉脱衣服也要相当的时间，仍旧和早起一样努力检查他要脱下的每一件衣服。有时拍打衣服两下，小声叫一下“一！二！”才睡下。睡下以后，很快地睡着，他从不失眠。

“你为甚么变成那样的一个人呢？希望你马上改了才好。”我向他说。

“咳！我也不大知道为甚么，五六年了！捷民，你要知道，我不是一个疯子或神经病患者，总有一天，我会不这样的，”他说。

“我知道你是一个很努力的青年，同时你也决不是一个疯子或神经病患者。然而你为甚么不改改那些可笑的行为呢？”

“咳！捷民！我母亲也发觉了我这种行为，常常向我落泪说：‘孩子！你那是甚么样子？和疯子一样，以后千万改了吧！’我说：‘是的！妈妈不要害怕或难过。我心里很明白，绝对不是疯子！那种行为不久就会改了的。’我母亲怕我变成疯子，才肯叫我南下求学，又怕那种疯子式的行为，某国的兵看出来捉去。母亲是多么爱护她的儿子啊！我感谢我的母亲，我感谢挂念我的人，我不久再也不会这样了。”

可是他到现在，还时时有那样的行为。由和他多年的谈话中，更深知了他的那种行为。

他不穿漂亮衣服，衣服常是旧而且破的。头发常是两三个月忘了理，长得和蹲过监狱的人一样，竟因此他险些住了监狱。那年在北平，他自己晚上逛东安市场，走两步，退两步的来回走着，刚到一个洋货摊前，被商人捉住，叫来侦缉队，说是丢了西服裤子准是他偷去的。他大怒的骂他们，但是也难以挽回他的被捉。还好，经过内三区署及法院的审问，才判他无罪。

凡是旁人视为摩登的衣服，他常是不买，也不穿。可是每到商店中来了新奇的帽子，衣服，鞋等，他都要买一件，预备穿，虽然他没有钱，投稿得些稿费，也要买到，或者借旁人的钱买。

关于恋爱一项，他的主张，是先追求最摩登最爱修饰的富家小姐，可是他终于失败。富家小姐是看不上穿着破旧的中式衣服的人的。他说：“富家小姐，多好玩啦！穿着最值钱最漂亮的衣服，脸擦得那样白，嘴涂得那样红，拿上学作为一种幌子，为的是引诱一般青年。可是她们看不起穿中式衣服的我，我最佩服衣着朴实而不修饰的女生，也许不久以后，我要有那样一个女朋友呢。”

他用功读书，而不注重考试，他认为考试是无聊！当考试的时候，许多男女同学都找自己的朋友们坐在一起，预备有机会闹个鬼儿，互相商议或抄录，以便多得些分数。可是他偏单独的坐在一个角落里，或者一行没有一个人的椅桌前面。结果他考试的分数常不算高，可是永远及格。实在他知道的很多，可是约摸所答及格，就不再多答了。他有的功课分数也高出一切同学之上，那是他认为这位教授出题是最有价值及最有兴趣的。这些教授常是北大的。其实他的程度是真好的，谈起任何的问题，他都能发挥详尽，同时对于他所学的有极深的造诣。

星期一，他认为是一个最好的日子，常决定在这一天改那种奇怪的行为，有时真改正了不少。可是到星期三又犯了老毛病。他以为星期三这个日子不好。星期二是代表他已去世的二姐，他在这天常是伤感的，守些规矩的。星期四，是一个人死的惨痛日子，他悲伤同胞为正义而伤亡，并默祝同胞不要随便死去。星期五是代表小孩子们，天真活泼，表示了人类最有希望，他也很高兴。星期六是代表一切神仙的，他这一天时时默祝神仙们保护为正义而前进的人。星期日，代表他的故乡被缉私队打死的一个农人，因为那个粗直的农人在集日劝人打架，被缉私队用枪打死，他很替他悲痛。以外每逢一，二，三，四，五，六，七日，也无论阳历，阴历或其他的这些数目字，都是如此解说。还有八字，表示他八祖父的死。他敬重他的八祖父，同时不满八祖父家人的错误行为。九字，是表示他一个讨厌的三姐夫，因为他是个纨绔子弟。十字，不一定是代表甚么，可是还算是一个好的数目字。以下类推。他就在这数目字的生活中过下去。

在街上走着，看见住户的门上的门神，他要三次五次的来回走着看，表示恭敬。商店中的佛像，被他看见也是实行以上的办法。殿中的壁画，有“华容道”和“三战吕布”之类，他更要来回的仔细看，表示恭敬武圣人关羽。过孔庙，他也要特别查看，表示敬重孔子。到一座庙中，对于庙中每一个神佛，都要看一回，表示恭敬的公平，但是他不希望神灵们在暗中帮忙他，他希望自己能够成就。不像一般信佛的人，焚香祝告，希望佛在暗中保护他们。

商店的里外的字体他都要十分注意。关于这些，他的问题很多。如：为甚么要用那种字体？究竟是谁写的呢？为甚么那一撇写粗呢？究竟他们写的有没有错误？就这样的在一家商店前徘徊着不去，闹得店员们也很奇怪。

在一家书店里，倘若看到与抗战有关的小册子，不论多少种，都要认一认，表示敬意。买一本书，也要小声喊“一！二！”他以为这样可以断定自己对于那本书，是不是应当买。倘若看见抗战画报，必要详细的看，表示敬重抗战英雄。有时竟忘了回校吃饭。

他和人谈话，有时哼一声，或者故意的咳嗽一声，因为他觉得那些话，一直的说下去是不对的，所以必须当中借“哼”或咳嗽停一停。他有时也在大庭广众之下演讲，正在说着，自己又故意把所要说的话忘了。当时很忧虑的怕人们耻笑，急忙接下去，常是说出不经脑子的话来，以致听众偷偷的暗笑。

在北平北大的时候，放寒暑假回家，他常从一个车站走回家里。那车站距他家一百零二里路，可是一天他就走到。这回他未走之先，要发下誓，大意说：“不可再迟误，迟误就不好！”他遵从誓言，在路上一切也不看，所以能一天走到家里。

他也到故乡镇上去赶集。买东西时，由脑子想，想起那个商店的物品好，或那个摊贩的物品好，就非买那里的不可。其实所谓好，只是他理想的好，并不是实在的好。

乡下的十八九岁至三十岁左右的女子，有的梳着粗大的辫子，有的梳着发髻，大多数是缠足或半缠足的，走起路来，莲步姗姗，他也喜欢她们，并且也可怜她们的莲足不解放及没有都市女学生那样的享受，他很想交一二个这样的女朋友，乡村女人的羞耻心和他的羞耻心碰在一起，直到现在还没有成功。

他回到家里，也不到那里去，整天躺在屋里看书，有时忘了吃饭或睡觉。也有时自己出去，到小河边上去游玩，高兴的时候，就睡在河边上直等到小鸟群的叫声，才把他唤醒；再顺着小河漫游，直等到晚上，大地都被黑暗笼罩了，家中人高声的叫他，他才慢慢的走回去。

一切的事情，他觉得自己可以预先知道。如和某人商洽一种事，事前在脑子里忽然有了“不好”两字，事情准不成功。假如脑子很平静的，事情准可以成功。投稿一项，他把稿子当面交给编辑，立刻就知道用与不用，也是这个缘故。他自己觉得他是能掐会算的后起之秀，比姜子牙、徐茂公、刘伯温等要进步得多了。

他有时说话，觉得害羞，恐怕对方的人小视他，有时宁可以少说话。有时从《论语》或《宇宙风》中记下些有趣的事来，说给同学们听，同学们都笑，他才高兴了。

自己有时照着镜子，发现自己是一个最漂亮的美男子。心想着：“这样漂亮的男儿，还怕没有蜜斯爱么？”可是不久他照镜子，又发现自己有的地方很笨，自己很忧虑，常是照着镜子改正，直到认为自己的姿势改正得满意，才很欢喜的放下镜子。

在路上走，常爱看女人，也无论是好看的，或不好看的，他的目的是试验女人们是否有爱男人的心。假如路上的漂亮的女人看他一眼，他认为很高兴，以为自己一定是一个惹人爱的美男子。假如很丑的女人也看他一眼，他认定丑女人也是很需要男子的。不过据他的统计，漂亮女人或者打扮得妖冶的女人，常是爱看男子的。丑陋的女人，不大看男子。他的结论是自惭形丑！

他因经济的压迫，在高中毕业时代及大学肄业时代都服务过社会。在教育局里服务，他是三等科员，和主任吵架，因为主任总叫农人打官司，不大做局里应当做的事。有一天，他质问主任：“你既是在教育局服务，为甚么不大给局里办事？偏到县政府鼓励老百姓打官司？”主任也答不出甚么来，非常恼怒他，从此他就辞了职。

在大学中休学时，曾服务过一个公安局，一个局员是局长的亲戚，另一个就是他。局长寄信常是不用自己的邮票，用局中的邮票，也无论平信挂号信都是一样。他有一天高兴了向着那个局员说：“请你从局中给我五分邮票，我要寄一封信！”那个局员很不高兴的答道：“局里的邮票，你不可随便使用！寄信自己买邮票好了！”他怒着说：“为甚么局长能用局中的邮票，我就不能呢？”那局员冷笑着说：“人家是局长，你不是局长！”他从此渐渐的知道局长假报警察的人数，如省政府规定每个公安局四十名警察，只用二十名，可是向上报就是四十名，到省府发下四十名警察的月饷，局长就可以私吃二十名的月饷。那年河北省保安处长，检阅各县警察人数，该局长大事着忙，赶快从城中雇了二十名游手好闲的人，穿上警察制服，充当警察，每人每天大洋五角。就这样的把保安处长混过去。他有一天问局长：“你为甚么要吃二十名的警饷？也不知道这二十个失业的人要受多大的痛苦呢？”局长气得回答不出话。他也走出，不久又辞了职。后来该局的局长和局员都常向人说：“共产党可走了！”

他对贫苦的人及不幸的人十分同情，所以在路上碰见穷人向他要钱，只要他身上带钱，就毫不吝惜的给他们。对于苦力等十分的看重，和他们说话前必先向他们鞠躬。

他的朋友，在校中的，多是蓝衫阶级及旧制服阶级，西服阶级是太少了。至于点头之交的西服阶级还不少。他自己以为自己很知趣，蓝衫阶级和旧制服阶级永远应该打招呼，可以永远是好朋友，至于西服阶级，如他领着女朋友在街上走，可不必招呼他。那人定很高兴，因为他领了妖冶女人，再不想在街上答理穷朋友，以免女的笑话。

教授们在路上碰见，不看他的，绝不招呼行礼。他认为这教授不对。反之，在路上望他一眼的，他很高兴，以为这为教授是十分看重他这位努力的青年。因此他要远远的向那位教授打招呼，行礼。

他在西南联大最佩服四位先生，一位是钱穆先生，一位是冯友兰先生，一位是曾昭抡先生，一位是梁行素先生。上面三位先生，都是坚苦励行，对于我国学术界有大供献的。当钱先生说："中国现代教育界的人，都是商人！"冯先生说："现代中国教授与学生之关系，是商人与主顾之关系。"曾先生穿着自长沙步行到昆明的旧西式裤，上面隐隐的有路上的黄土泥，长袍常是破了几块，在课余之暇，独自步行校院中，一面笑，一面唱。梁行素是北大政治系的学生，穿的衣服十分的破，好似街头的乞丐，头发长的很长不理，对学问很努力，年岁也大些，所以也称他为先生。梁先生每天含着一个长杆旱烟袋，不论上课或下课，高兴时就吸他那旱烟，悠然自得。他总评这四位先生用云南土话为"要得"！可是他们四人的缺点，他也指出。钱冯曾三先生缺少军事训练，梁先生则应该少吸旱烟，多进行恋爱。

怪人的言行录，介绍了已经不少，大概止于此处吧！顺便谈谈他的一点身世，也许竟是身世造成他这样的一个怪人呢。他的幼年死了父亲。他父亲生前又不治产业，于是家境变得不好，求学很成问题，勉强能够上学，又中途休学服务，又受了同事的刺激。芦沟桥事变以后，平津沦陷，北大南迁，他又不能南来；又加了一些烦闷，大约他成为怪人的因素，就在这里吧？现在他已经南来了，我希望他慢慢的把不必要的"怪"改掉，不妨留下些有意义的"怪"，他是一个十分有希望的青年呢！

选自《西风》一九四一年十月第六十二期